일본어 마스터로 가는 새로운 길라잡이

2ND EDITION

다락원

뉴코스

일본어

STEP
5

채성식 · 조영남 · 아이자와 유카 · 나카자와 유키 공저

다락원

머리말

"구슬이 서말이라도 꿰어야 보배?"

본 『다락원 뉴코스 일본어』 시리즈의 머리말을 뜬금없이 속담으로 시작한 데에는 시리즈의 구성, 나아가 외국어 학습의 본질과 관련된 나름의 이유가 있습니다.

시리즈의 후반부에 해당하는 「Step 4·5·6」은, 전반부인 「Step 1·2·3」을 통해 일본어의 기초를 다진 학습자를 대상으로, 보다 상급 레벨의 일본어 구사를 위해 필수적인 '회화 능력의 향상'을 주된 목표로 하고 있습니다. 일본어를 처음 접하는 학습자가 단시간 내에 효율적으로 일본어에 익숙해질 수 있도록 다양한 문법 항목과 어휘, 표현 등에 관한 지식 전달에 주안을 둔 것이 「Step 1·2·3」이라면, 「Step4·5·6」은 이들이 실생활에서 '언제, 어디서, 어떻게' 사용되고 있는가를 (회화)장면별·기능별로 분류·제시함으로써 종합적이면서도 실전적인 일본어 능력의 배양을 꾀하고 있습니다.

혹자는 외국어를 학습함에 있어 '언어몰입교육(Language immersion)'의 중요성을 재삼 강조하곤 합니다. 종래의 단순 암기, 주입식 위주의 외국어 학습법에서 벗어나 학습자가 해당 외국어를 자연스럽게 체득할 수 있는, 말 그대로 그 '언어에 몰입'할 수 있는 학습 환경(예를 들어, 영어마을 등)을 조성·제공해야 한다는 것이 본연의 취지입니다. 이러한 '언어몰입교육'이 여타 학습법과 크게 차별화되는 부분은 무엇보다도 학습자가 지닌 파편화된 언어능력을 유기적으로 결합시켜 외국어 학습의 지상 과제인 '모어 화자와의 자연스러운 의사소통'을 실현시키는 데 있다고 해도 과언이 아닙니다.

'구슬(파편화된 언어능력)'과 '보배(의사소통 능력)'는 전혀 이질적인 대상은 아니지만, 그렇다고 해서 이들이 단순히 요소(要素)와 집합(集合)의 관계를 맺고 있다고만 볼 수도 없습니다. 문법, 어휘, 표현 등에 관한 지식이 아무리 풍부하다 하더라도 그 단순합이 탁월한 의사소통 능력으로 그대로 이어지는 경우는 극히 드물기 때문입니다. 결국 '1+1=2'가 아닌 '1+1+α=2'라는 목표하에 변수 'α'를 도출해 가는 과정이야말로 바로 '구슬을 꿰어 보배로 만들어가는 작업'일 것이며, 이는 본 『다락원 뉴코스 일본어』 「Step 4·5·6」이 추구하는 궁극의 과제임과 동시에 꼭 담보하고자 하는 내용이기도 합니다.

본 『다락원 뉴코스 일본어』 「Step 4·5·6」은 난이도 측면에서는 '초·중급(Step4)', '중급(Step 5)', '상급(Step 6)'으로 구성되어 있으며, 내용·형식적 측면에서는 '장면별 회화(Step 4)', '기능별 회화(Step 5)', '프리토킹(Step 6)'의 순으로 구성되어 단계별 학습과 상황별 학습이 유기적으로 맞물려 입체적으로 진행될 수 있도록 하였습니다. 특히 '프리토킹(Step 6)'에서는 12항목의 大주제를 설정하는 한편 각 항목별로 복수의 小주제를 두어 다양한 화제를 통해 실제적인 회화 능력을 함양할 수 있는 틀을 마련하고 있습니다.

아무쪼록 본 『다락원 뉴코스 일본어』 시리즈가 일본어 학습에 있어 '구슬'을 '보배'로 만드는데 일조하는 믿음직한 도우미로 자리매김할 수 있기를 진심으로 바라 마지않습니다. 마지막으로 초판부터 개정판 간행에 이르기까지 물심양면으로 성원해주신 ㈜다락원 정규도 대표이사님과 저희의 졸고를 옥고로 다듬어주신 일본어 출판부 여러분들께 감사의 말씀을 드립니다.

저자 일동

교재의 구성과 특징

① 이 책은 『다락원 뉴코스 일본어』 시리즈의 5단계 교재입니다.

② 회화 중급 교재로, 흥미로운 12가지 주제의 기능별 회화로 구성되어 있습니다. 특히, 이 책은 차례에 구애되지 않고 어느 과이든 자유롭게 선택하여 학습할 수 있습니다.

③ 총 12과이며, 각 과는 「ウォーミングアップ」「表現」「いれかえ練習」「ダイアローグ」「ロールプレイ」「表現を広げよう」「フリートーキング」「単語チェック」로 이루어져 있습니다.

④ 부록에는 「ウォーミングアップ」「いれかえ練習」「表現を広げよう」의 정답과 예시를 실었습니다.

⑤ 오디오 MP3에는 「表現」「いれかえ練習」「ダイアローグ」「表現を広げよう」의 내용을 실었습니다.

각 과에서 배울 내용을 간단하게 제시합니다. - - - - - - - - - - - - -

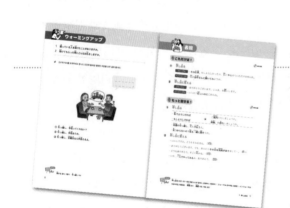

ウォーミングアップ

간단한 질문과 그림을 보며 각 과에서 배울 내용을 생각해 봅니다.

表現

각 장면에서 사용하는 기능별 표현을 제시합니다.

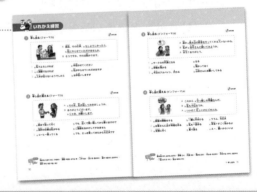

いれかえ練習

「表現」에서 학습한 내용을 연습합니다.

ダイアローグ

앞서 배운 표현이 실제 장면에서 어떻게 사용되는지
회화를 통해 익힐 수 있습니다.

ロールプレイ

역할극을 통해 학습 내용을 응용하여 자유롭게
말해 봅니다.

表現を広げよう

다이얼로그에 나온 중요 문법 사항을 정리하고,
다시 한 번 연습한 뒤, 자유롭게 작문해 봅니다.

フリートーキング

흥미로운 주제로 자유롭게 이야기하며 마무리
합니다.

単語チェック

각 과에서 알아두어야 할 단어들을
테마별로 뽑아 정리했습니다. 외운
단어를 확인할 수 있는 확인 상자가
표시되어 있습니다.

모범답안

각 과의 「ウォーミングアップ」
「いれかえ練習」「表現を広
げよう」 등의 모범답안과 예시
를 실었습니다.

차례

주요등장인물

金ミンス (26세)
일본 기업에서 일하고 있음.

李ナリ (23세)
한국에서 온 유학생. 대학의 경제학부에서 공부하고 있음.

山下舞 (22세)
김민수의 동료.

山下愛 (19세)
이나리의 대학 동급생. 야마시타 마이의 여동생.

田中純 (24세)
이나리의 대학 동급생.

01

もうで
申し出る

이 과에서는 상대방에게 도움을 준다고 자청하거나
고마움을 전할 때 필요한 어휘와 표현에 대해 학습합니다.

1 困っている人を助けたことがありますか。

2 助けてもらった時にどんなお礼をしますか。

☑ 친구의 이사를 도와주려고 합니다. 빈칸에 들어갈 알맞은 표현을 모두 골라 봅시다.

① 引っ越し、手伝ってくれない？

② 引っ越し、手伝おうか。

③ 引っ越し、日曜日なら手伝えるよ。

助ける 돕다, 거들다 │ 引っ越し 이사

表現

これだけは！　♪MP3 **02**

①　申し出る

> フォーマル ・その仕事、もしよろしかったら、私にやらせていただけませんか。

> インフォーマル ・私が田中さんに聞いてみようか。

②　申し出に答える

> フォーマル ・ありがとうございます。じゃあ、お願いします。

> インフォーマル ・いいの？忙しいのにごめんね。

もっと話せる！　♪MP3 **03**

①　申し出る

・私でよろしければ	➕	ご案内いたしましょうか。
・もしよろしければ		荷物、お持ちしましょうか。

・来週の引っ越し、私も手伝うよ。

・見つからないの？私も一緒に探そうか。

②　申し出に答える

・いいんですか。どうもすみません。（承諾）

・ありがとうございます。でも、あいにくその日は先約がありまして…。（断り）

・どうもありがとう。すごく助かる。（承諾）

・いや、一人でやってみるよ。ありがとう。（遠慮）

申し出る (의견·요구·희망 등을) 스스로 말하다, 신청하다, 자청하다 ｜ **フォーマル** 공식적임, 정중함 ｜ **インフォーマル** 비공식적임, 허물없음 ｜ **承諾** 승낙 ｜ **遠慮** 사양, 거절, 삼감

いれかえ練習

① 申(もう)し出(で)る (フォーマル) MP3 **04**

A 部長(ぶちょう)、その仕事(しごと)、a もしよろしかったら、
　b 私(わたし)にやらせていただけませんか。

B そうですか。それは助(たす)かります。

1　a 私(わたし)でよろしければ 　　　b 手伝(てつだ)わせてください
2　a ご迷惑(めいわく)でなければ 　　　b 私(わたし)がやらせていただきますが
3　a 人手(ひとで)が足(た)りないようでしたら 　　　b お手伝(てつだ)いしますが

② 申(もう)し出(で)に答(こた)える (フォーマル) MP3 **05**

A a その本(ほん)、私(わたし)が返(かえ)しておきましょうか。

B ありがとうございます。
　b じゃあ、お願(ねが)いします。

1　a 家(いえ)まで送(おく)って行(い)く 　　　b でも、近(ちか)くで買(か)い物(もの)してから帰(かえ)りますので
2　a 会計(かいけい)の仕事(しごと)は私(わたし)がやる 　　　b ご迷惑(めいわく)をおかけしてすみません
3　a コーヒー買(か)ってくる 　　　b でも、さっき買(か)ってきたから大丈夫(だいじょうぶ)です

단어 助(たす)かる 도움이 되다, 구제되다 ┃ 迷惑(めいわく) 귀찮음, 성가심, 폐 ┃ 人手(ひとで) 일손 ┃ 足(た)りる 충분하다 ┃ 返(かえ)す 되돌리다, 돌려주다 ┃
会計(かいけい) 회계, 대금 지불, 계산

③ **申し出る (インフォーマル)**　 MP3 06

A 誰か a 飲み会の幹事をやってくれる人いないかな。

B 私が b 田中さんに聞いてみようか。

A 本当？ありがとう。

1 a サークルの代表になる　　　　　　　　b なる

2 a 荷物を預かる　　　　　　　　　　　　b 預かっておく

3 a 今日のアルバイト、代わる　　　　　　b 山田さんにお願いしてみる

④ **申し出に答える (インフォーマル)**　 MP3 07

A これから a 引っ越しの準備なんだ。

B b 私も手伝おうか。

A c いいの？忙しいのにごめんね。

1 a 部室の掃除をする　　　　b 一緒に片付ける　　　　c ううん、大丈夫

2 a お客さんに出す料理を作る　 b 私も一品作る　　　　　c 本当？すごく助かるよ

3 a 空港に行く　　　　　　　　b 車で送る　　　　　　　c えー、悪いからいいよ

 단어　飲み会 회식, 술모임, 술자리 | 幹事 간사 | 代表 대표 | 預かる 맡다 | 代わる 대신하다 | 片付ける 치우다, 정돈하다 | 一品 요리 한 가지 | 送る 데려다 주다

ダイアローグ

♪ MP3 **08**

1 上司の仕事の手伝いを申し出る / 部下の申し出に答える

● ●

金 　課長、この頃ずっと残業ですね。

課長 　ええ。新しいプロジェクトが始まりましたから。

金 　そうですか。大変そうですね。

課長 　予算の見通しはついたんですが、プロジェクトが大きいわりに、十分
　　　 な人数が確保できないんですよ。

金 　そうなんですか。課長、もしよろしければ、私がお手伝いしましょうか。

課長 　でも、金さんだって忙しいでしょう。

金 　いえ。私が担当している仕事は今週で終わる予定なので、少し時間に
　　　 余裕があるんです。

課長 　じゃあ、お願いできますか。助かります。

単어 予算 예산 ｜ 見通しがつく 전망이 서다 ｜ 〜わりに 〜에 비해 ｜ 人数 인원수 ｜ 確保 확보 ｜ 〜だって 〜도 ｜ 担当する 담당하다 ｜ 予定 예정 ｜ 余裕 여유

12

2 友人への連絡を申し出る / 友人の申し出に答える

李　田中君、最近学校休みがちだね。

田中　あー、バイトが忙しくて…。

李　なんのバイトしてるの？私もバイトしたいな。

田中　じゃあ、僕がやっているアルバイト先、紹介しようか。

李　どんなバイト？

田中　パソコンにデータを入力するバイト。在宅でできるし、時給もまあまあ悪くないよ。

李　へえ。短期でもいいならやりたいな。

田中　大丈夫だと思うよ。僕から店長に話しておくよ。

李　ありがとう。お願いね。

~がち ～가 잦음, ~하기 쉬움 ｜ **アルバイト先** 아르바이트 하는 곳 ｜ **データ** 데이터 ｜ **入力する** 입력하다 ｜ **在宅** 재택 ｜ **時給** 시급 ｜ **まあまあ** 그럭저럭, 그저 그런 정도 ｜ **短期** 단기 ｜ **店長** 점장

1 Aは会社員で、Bは取引先の日本人です。Bが日本から韓国へ来ました。

A는 회사원이고, B는 거래처의 일본인입니다. B가 일본에서 한국에 왔습니다.

ロールカードA	ロールカードB
거래처 사원인 B에게 관광지를 안내하겠다고 말하세요.	A의 제안을 수락하고 감사의 뜻을 전하세요.
取引先の社員であるBに観光地を案内すると申し出てください。	Aの申し出を受けてお礼を言ってください。

取引先 거래처 │ **観光地** 관광지

2 ＡとＢは大学生で、同じ日本語の授業を取っています。明日はＢの発表の日ですが、急な用事で出席できなくなりました。

A와 B는 대학생이고 같은 일본어 수업을 듣습니다. 내일은 B의 발표날인데, 급한 용무로 출석하지 못하게 되었습니다.

ロールカードＡ	ロールカードＢ
당신의 발표 예정은 다음주인데 발표 준비는 되어 있습니다. 내일 출석하지 못하게 된 B씨 대신에 발표한다고 자청하세요.	학생A의 의사를 수락하고 감사의 뜻을 전하세요.
あなたの発表予定は来週ですが、発表の準備はできています。明日出席できなくなったＢさんの代わりに、発表すると申し出てください。	学生Aの申し出を受けて、お礼を言ってください。

代わりに 대신에 ｜ お礼を言う 예를 표하다, 감사의 말을 하다

表現を広げよう

1 名詞の / ナ形容詞な / イ形容詞い / 動詞 + わりに(は)

・この店の家具は値段のわりに品質がいい。

・僕の作る料理は簡単なわりにはおいしくて、みんなに評判がいい。

・今回の試験は勉強をしなかったわりに＿＿＿＿＿＿＿＿＿＿＿＿＿＿＿＿＿。

・자유 작문

2 名詞 / 動詞「マス」形 + がち

・最近授業を休みがちだね。何かあったの？

・コーヒーは体に悪いと思われがちだが、ストレス解消にいい。

・冬は＿＿＿＿＿＿＿＿＿＿＿＿＿＿＿がちなので、気をつけなければならない。

・자유 작문

評判 평판 | **ストレス** 스트레스 | **解消** 해소

フリートーキング

🔔 友達
^{ともだち}

あなたは大切な友達がいますか。友達との関係で悩んだことはありますか。
今回は友達をテーマに自由に話し合ってみましょう。

みんなのアンケート 　　　　　☑ 📁 🗐 🕐

友達を作るコツを教えて！

・約束を守ることです。

・いつも笑顔でいることが大事だと思います。

・自分から積極的に話しかけること！

・共通の話題を探します。

▶ あなたはどの意見に賛同しますか。あなたの友達を作るコツは？

　グループで自由に話し合いましょう。

単語　**関係** 관계 ｜ **悩む** 고민하다 ｜ **話し合う** 서로 이야기하다 ｜ **コツ** 요령 ｜ **守る** 지키다 ｜ **笑顔** 웃는 얼굴 ｜ **積極的に** 적

극적으로 ｜ **話しかける** 말을 걸다 ｜ **共通** 공통 ｜ **話題** 화제 ｜ **賛同する** 찬동하다, 찬성하다

単語チェック

알고 있는 단어들을 네모 안에 체크해 봅시다.

●● **1류동사**

- ☐ あずかる(預かる)
- ☐ かわる(代わる)
- ☐ たすかる(助かる)
- ☐ はなしあう(話し合う)
- ☐ まもる(守る)
- ☐ なやむ(悩む)

●● **2류동사**

- ☐ かたづける(片付ける)
- ☐ たすける(助ける)
- ☐ たりる(足りる)
- ☐ はなしかける(話しかける)
- ☐ もうしでる(申し出る)

●● **3류동사**

- ☐ こうしょうする(交渉する)
- ☐ さんどうする(賛同する)
- ☐ たんとうする(担当する)
- ☐ ていじする(提示する)
- ☐ にゅうりょくする(入力する)

●● **회사**

- ☐ かんじ(幹事)
- ☐ じきゅう(時給)
- ☐ だいひょう(代表)
- ☐ とりひきさき(取引先)
- ☐ よさん(予算)

●● **기타**

- ☐ いっぴん(一品)
- ☐ えがお(笑顔)
- ☐ えんりょ(遠慮)
- ☐ かいけい(会計)
- ☐ かいしょう(解消)
- ☐ かくほ(確保)
- ☐ かんこうち(観光地)
- ☐ きょうつう(共通)
- ☐ コツ
- ☐ ざいたく(在宅)
- ☐ じょうけん(条件)
- ☐ しょうだく(承諾)
- ☐ たんき(短期)
- ☐ てんちょう(店長)
- ☐ にんずう(人数)
- ☐ ひとで(人手)
- ☐ ひょうばん(評判)
- ☐ めいわく(迷惑)
- ☐ よゆう(余裕)
- ☐ わだい(話題)

●● **숙어표현**

- ☐ おれいをいう(お礼を言う)
- ☐ みとおしがつく(見通しがつく)
- ☐ やくそくをまもる(約束を守る)

Lesson

02

<ruby>願<rt>ねが</rt></ruby>

お願いする

이 과에서는 상대방에게 협력을 부탁하거나
그 부탁을 거절할 때 필요한 어휘와 표현에 대해 학습합니다.

1 お金を貸したり、借りたりしたことがありますか。

2 今までにお願いをされて困ったことはありますか。

☑ 손님이 점원에게 부탁을 하고 있습니다. 빈칸에 들어갈 알맞은 표현을 모두 골라 봅시다.

① あのう、音楽を少し低くしましょうか。

② すみませんが、音楽を少し低くしていただけませんか。

③ 申し訳ないんですが、音楽を少し小さくしてもらえませんか。

貸す 빌려주다 | 借りる 빌리다

表現

これだけは！　♪ MP3 **11**

①　お願いする（ねが）

> **フォーマル**・もしよかったら、この仕事（しごと）、手伝（てつだ）ってもらえませんか。

> **インフォーマル**・今度（こんど）の日曜日（にちようび）、買（か）い物（もの）に付（つ）き合（あ）ってもらえないかな。

②　断る（ことわ）

> **フォーマル**・申（もう）し訳（わけ）ございませんが、これから他（ほか）の授業（じゅぎょう）があるんです。

> **インフォーマル**・ごめん。代（か）わってあげたいんだけど、私（わたし）も余裕（よゆう）がないんだよね。

もっと話せる！　♪ MP3 **12**

①　お願いする（ねが）

・すみませんが、 ・ちょっとお願（ねが）いがあるんですが、	➕	パソコンの使（つか）い方（かた）を教（おし）えてくださいませんか。 今度（こんど）の会議（かいぎ）に私（わたし）も参加（さんか）させてもらえませんか。
・ごめん、 ・悪（わる）いんだけど、	➕	ちょっと手伝（てつだ）ってくれる？ お金（かね）、貸（か）してもらってもいい？

②　断る（ことわ）

・すみません。 ・申（もう）し訳（わけ）ないんですが、	➕	今（いま）ちょうど使（つか）っているところなんです。 今日（きょう）は残業（ざんぎょう）があるものですから…。お役（やく）に立（た）てなくてすみません。
・貸（か）してあげたいんだけど、 ・うーん。	➕	私（わたし）も来週（らいしゅう）、試験（しけん）なんだ。 あの本（ほん）、私（わたし）もちょっと使（つか）うんだよね。

 단어　**付き合う**（つきあう）행동을 같이 하다, 동행하다 ｜ **断る**（ことわる）거절하다 ｜ **～ところ** 막 ～하(려)는 참, 마침 그때 ｜ **役に立つ**（やくにたつ）쓸모가 있다, 도움이 되다

① **お願いする (フォーマル)**　　MP3 **13**

A 李さん、ₐもしよかったら、
　ᵦこの仕事、手伝ってもらえませんか。
B ええ、いいですよ。

1 ₐすみませんが　　　　　　　ᵦ部長にこの話を伝える
2 ₐ忙しいとは思いますが　　　ᵦ午後の会議に参加する
3 ₐちょっとお願いがあるんですが　ᵦプレゼンの資料をメールで送る

② **断る (フォーマル)**　　MP3 **14**

A ₐこの資料の翻訳、今日中にお願いできますか。
B 申し訳ございませんが、
　ᵦこれから他の授業があるんです。明日まででい
　いでしょうか。

1 ₐこのファイルの整理　　　ᵦ今日は外せない用事
2 ₐこのパソコンの修理　　　ᵦあいにくこれからアルバイト
3 ₐ実験データのまとめ　　　ᵦちょっと今日は熱

단어　プレゼン プレゼンテーション(プレゼンテーション의 줄임 말) | 資料 자료 | 翻訳 번역 | 今日中に 오늘 중으로 | 整理 정리 | 外す 빼다, 참석하지 않다 | 修理 수리 | 実験 실험 | まとめ 요약, 정리

③ お願いする (インフォーマル)

A a 忙しかったらいいんだけど、今度の日曜日、
　b 買い物に付き合ってもらえないかな。

B うん、いいよ。

1	a 無理だ	b 資料の整理を手伝ってもらえる
2	a だめだ	b 一緒に文化祭の準備をしてもらえる
3	a 時間がない	b 映画に付き合ってくれる

④ 断る (インフォーマル)

A a 来週の発表、代わってもらえないかな。

B ごめん。代わってあげたいんだけど、
　b 私も余裕がないんだよね。

1	a 金曜日のバイト	b テストの準備で忙しいんだ
2	a 掃除当番	b 今日は早く帰らないと
3	a 座る場所	b 後ろだと字がよく見えなくて

文化祭 학교 축제 | 当番 당번 | 字 글자, 글씨

ダイアローグ

♪ MP3 **17**

1 学生に仕事の手伝いをお願いする / 先生のお願いを断る

李　失礼します。李です。お話って何でしょうか。

教授　ああ、李さん。実は、知人の会社で、韓国語のできる人を探して
　　　いるんですけど、もしよかったら、手伝ってもらえませんか。

李　どんな仕事ですか。

教授　よくわかりませんが、マニュアルに沿ってやるだけの仕事だと聞きま
　　　した。

李　そうですか。ええと、時間帯はいつですか。

教授　平日の6時から9時までなんですけど。

李　ああ。その時間は他のアルバイトをやっておりまして…。

教授　そうですか、わかりました。じゃあ、他の人に聞いてみます。

李　せっかくのお話を申し訳ありません。

知人 지인 ┃ **マニュアル** 매뉴얼 ┃ **~に沿って** ~에 따라, ~을 따라 ┃ **時間帯** 시간대 ┃ **せっかく** 모처럼

2 友達に買い物の同行をお願いする / 友達のお願いを断る

愛 純君、ちょっとお願いがあるんだけど…。

純 うん、何？

愛 もし暇だったら、今度の日曜日にカメラ買うの、付き合ってもらえない
かな。もうすぐ祖父の誕生日なんだ。

純 おじいさんにカメラ、プレゼントするの？

愛 うん。雑誌で見たんだけど、高齢者向けのカメラがあるんでしょ？
純君、詳しいから、選ぶの手伝ってくれないかなあ。

純 うーん。一緒に行ってあげたいんだけど、今週はちょっと時間ないんだ
よね。

愛 そっか。残念。

純 ごめんね。そのかわり、おすすめのカメラをメールしておくよ。

同行 동행 | **祖父** 조부, (나의) 할아버지 | **高齢者** 고령자 | **～向け** ～용 | **詳しい** 상세하다, 자세히 알고 있다 | **その
かわり** 그 대신(에)

1 ＡとＢは偶然新幹線で隣になった乗客同士です。
_{ぐうぜんしんかんせん} _{となり} _{じょうきゃくどう し}

A와 B는 우연히 신칸센에서 옆에 앉게 된 승객입니다.

ロールカードＡ	ロールカードＢ
함께 탄 친구와 자리가 떨어져서 옆 승객에게 자리를 바꿔 달라고 부탁하세요.	옆 사람의 부탁을 거절하세요.
一緒に乗った友達と席が離れてしまったため、隣の乗客に席を代わってもらえるようにお願いしてください。	隣の人のお願いを断ってください。

離れる 떨어지다, 사이가 벌어지다 ｜ ～ため ～해서, ～기 때문에 ｜ 乗客 승객

2 ＡとＢは友人同士です。Ａが引っ越しをすることになり、車が必要ですが、Ａは車を
持っていません。Ｂは車を持っています。

A와 B는 친구 사이입니다. A가 이사를 하게 되어 차가 필요한데, A는 차를 가지고 있지 않습니다.
B는 차를 가지고 있습니다.

ロールカードＡ	ロールカードＢ
이사 때 차를 내 달라고 친구 B 씨에게 부탁하세요.	이유를 말하면서 A 씨의 부탁을 거절하세요.
引っ越しの際に車を出してもらえるように、友人のＢさんにお願いしてください。	理由を話しながらＡさんのお願いを断ってください。

理由 이유

表現を広げよう

1 ～に沿って

・道路に沿って、街路樹が植えてあります。

・説明書に沿って組み立てれば、簡単にできます。

・この道に沿ってずっと歩くと＿＿＿＿＿＿＿＿＿＿＿＿＿＿＿＿＿＿＿。

・자유 작문

2 ～向け

・この町では、観光客向けのイベントが数多く開催されている。

・フランス向けの食料品の輸出量が増加している。

・英語を勉強する人向けのおすすめコンテンツは＿＿＿＿＿＿＿＿＿＿です。

・자유 작문

道路 도로 ｜ **街路樹** 가로수 ｜ **植える** 심다 ｜ **説明書** 설명서 ｜ **組み立てる** 조립하다 ｜ **観光客** 관광객 ｜ **イベント** 이벤트 ｜ **数多い** 수많다 ｜ **開催する** 개최하다 ｜ **食料品** 식료품 ｜ **輸出量** 수출량 ｜ **増加する** 증가하다

フリートーキング

🔔 趣味

忙しい毎日の中でも、多くの人が趣味を楽しんでいます。

あなたは趣味がありますか。今回は趣味について、話してみましょう。

みんなのアンケート

女性の趣味人気ランキング	男性の趣味人気ランキング
1 映画鑑賞	1 筋トレ
2 美味しいお店めぐり	2 ゲーム
3 語学	3 車
4 写真	4 料理
5 フラワーアレンジメント	5 楽器

▶ あなたの趣味はなんですか。

▶ あなたがこれからやってみたいこと、趣味にしてみたいことは何ですか。

단어

ランキング 랭킹 | **映画鑑賞** 영화 감상 | **〜めぐり** 〜순례 | **語学** 어학 | **フラワーアレンジメント** 플라워 어레인지먼트, 꽃꽂이 | **筋トレ** 근육 트레이닝, 근육 운동. 筋肉トレーニング의 축약형

単語チェック

알고 있는 단어들을 네모 안에 체크해 봅시다.

●● 1류동사
- [ ] かす(貸す)
- [ ] ことわる(断る)
- [ ] はずす(外す)

●● 2류동사
- [ ] うえる(植える)
- [ ] かりる(借りる)
- [ ] くみたてる(組み立てる)
- [ ] はなれる(離れる)

●● 3류동사
- [ ] かいさいする(開催する)
- [ ] ぞうかする(増加する)

●● い형용사
- [ ] かずおおい(数多い)
- [ ] くわしい(詳しい)

●● 부사
- [ ] せっかく

●● 회사
- [ ] しりょう(資料)
- [ ] せいり(整理)
- [ ] せつめいしょ(説明書)
- [ ] プレゼン
- [ ] マニュアル
- [ ] ゆしゅつりょう(輸出量)

●● 취미
- [ ] えいがかんしょう(映画鑑賞)
- [ ] きんトレ(筋トレ)
- [ ] ごがく(語学)
- [ ] フラワーアレンジメント

●● 기타
- [ ] がいろじゅ(街路樹)
- [ ] かんこうきゃく(観光客)
- [ ] こうれいしゃ(高齢者)
- [ ] じっけん(実験)
- [ ] しゅうり(修理)
- [ ] じょうきゃく(乗客)
- [ ] しょくりょうひん(食料品)
- [ ] ちじん(知人)
- [ ] とうばん(当番)
- [ ] どうこう(同行)
- [ ] どうろ(道路)
- [ ] ぶんかさい(文化祭)
- [ ] ほんやく(翻訳)
- [ ] まとめ
- [ ] よゆう(余裕)

●● 숙어표현
- [ ] やくにたつ(役に立つ)

03

ほめる

이 과에서는 상대방의 성격과 능력을 칭찬하거나
그 칭찬에 대해 응할 때 필요한 어휘와 표현에 대해 학습합니다.

1 あなたは何^{なに}をほめられたらうれしいですか。

2 最近^{さいきん}、誰^{だれ}かをほめたことがありますか。何^{なに}をほめましたか。

✔ 선생님에게 칭찬을 받은 학생이 대답하고 있습니다. 빈칸에 들어갈 알맞은 표현을 모두 골라 봅시다.

レポート、よくでき
ていましたよ。

_____

_____ 。

① いいえ、そんなものないですよ。

② 本当^{ほんとう}ですか。よかったです。

③ ありがとうございます。これからもがんばります。

ほめる 칭찬하다

表現

これだけは！

MP3 **20**

1 ほめる

> **フォーマル** ・今日（きょう）のプレゼン、良（よ）かったですよ。
>
> **インフォーマル** ・田中（たなか）さんってきれい好（ず）きだね。

2 ほめに答（こた）える

> **フォーマル** ・いいえ、とんでもないです。
>
> ・ありがとうございます。そう言（い）っていただけるとうれしいです。
>
> **インフォーマル** ・そうかな。ありがとう。
>
> ・そんなことないよ。

もっと話（はな）せる！

MP3 **21**

1 ほめる

・そのネクタイ、よくお似合（にあ）いですね。

・そのバッグ、いい色（いろ）だね。

2 ほめに答（こた）える

・いいえ、	+	まだまだですよ。 そんなことないです。
・ありがとうございます。	+	恐縮（きょうしゅく）です。 おほめにあずかり光栄（こうえい）です。

・いやいや、大（たい）したことないよ。

・ほんと？ありがとう。うれしい。

단어 ほめ 칭찬 ｜ 似合（にあ）う 어울리다 ｜ 恐縮（きょうしゅく） 남의 후의나 남에게 끼친 폐에 대해 죄송하게 여김 ｜ おほめにあずかる 칭찬을 듣다 ｜
光栄（こうえい） 영광 ｜ 大（たい）した 대단한, 이렇다 할 정도의

いれかえ練習

① ほめる (フォーマル) ♪MP3 **22**

A a <u>今日のプレゼン</u>、<u>良かったですよ。</u>
　b <u>分かりやすくて、とても勉強になりました。</u>

B いいえ、とんでもないです。

1　a 日本語の通訳　　　　　b やっぱり違いますね、専門家みたいです
2　a 今日の公演　　　　　　b ダンスもうまいし、さすがですね
3　a プロジェクトの説明　　b 朴さんに任せて正解でした

② ほめに答える (フォーマル) ♪ MP3 **23**

A 会議の進め方、a <u>よくできていましたよ。</u>

B ありがとうございます。
　b <u>そう言っていただけるとうれしいです。</u>

1　a 良かったですよ　　　　　b これからも頑張ります
2　a いい感じでしたよ　　　　b 皆の助けがあったからです
3　a すごく良くなりましたね　b 課長のご指導のおかげです

 とんでもない 당치도 않다, 터무니없다 ｜ ダンス 댄스, 춤 ｜ さすが 역시, 과연, 자타가 공인할 정도의 ｜ 任せる 맡기다
｜ 正解 정답 ｜ 助け 도움 ｜ 指導 지도 ｜ おかげ 덕택, 덕분

A Bさんって、a <u>きれい好<ず>き</u>だね。

b <u>いつ来<き>ても部屋<へや>がピカピカ。</u>

B そうかな。ありがとう。

1 a おしゃれ b センスがよくてうらやましい
2 a 社交的<しゃこうてき> b 私<わたし>も見習<みなら>わないと
3 a 物知<ものし>り b 何<なん>でも知<し>ってて尊敬<そんけい>するよ

④ ほめに答<こた>える (インフォーマル) MP3 **25**

A Bさんの a <u>料理<りょうり></u>はいつも b <u>おいしい</u>ね。

B えっ、そう？ c <u>よかった、お口<くち>に合<あ>って。</u>

1 a 字<じ> b きれいだ c うれしいな
2 a 話<はなし> b 面白<おもしろ>い c Aさんこそ
3 a 資料<しりょう> b 分<わ>かりやすい c そんなことないよ

 단어 きれい好<ず>きだ 깨끗한 상태를 좋아하다 | おしゃれ 멋을 냄, 멋쟁이 | センス 센스 | うらやましい 부럽다 | 社交的<しゃこうてき>
사교적 | 見習<みなら>う 본받다 | 物知<ものし>り 박식함 | 尊敬<そんけい>する 존경하다

1 上司が部下のプレゼンをほめる / 上司のほめに答える

部長 今日のプレゼン、良かったですよ。説明も分かりやすかったし、

スライドの構成も見やすくて、見ていて安心できました。

舞 本当ですか。ありがとうございます。

部長 質問にも落ち着いて対応できていて、さすがだと思いました。山下さ

んに担当してもらって正解でした。

舞 そう言っていただけると本当にうれしいです。

部長 今回のプレゼンは、会社にとっても、とても重要なものだったので、社

長も注目していたんですよ。

舞 そうだったんですか。

部長 とにかく、今日はお疲れ様。週末はゆっくり休んで、来週からまたよ

ろしく。

舞 はい、これからもがんばります。

 단어

スライド 슬라이드 | **構成** 구성 | **落ち着く** 차분하다, 침착하다 | **対応** 대응 | **担当する** 담당하다 | **～にとって**
～에 있어서 | **重要だ** 중요하다 | **注目する** 주목하다 | **とにかく** 어쨌든, 아무튼 | **お疲れ様** 수고했어

2 友人の掃除をほめる / 友人のほめに答える

李 サークル室の掃除、思ったより早く終わって良かったね。

愛 李さんのおかげだよ。李さんって、掃除、ほんとに上手だね。要領がいいというか。丁寧なのにすごく早くて、びっくりしちゃった。

李 そんなことないよ。片付けるのが好きなだけ。

愛 私なんか、時間ばっかりかかって、全然きれいにならないんだよね。自分の部屋でさえ、片付けるのに何日もかかるんだよ、冗談抜きで。

李 まとめてするからだよ。掃除は毎日しないと。

愛 うーん、頭では分かっているんだけどね。でも、今日は李さんの掃除の仕方見てて、すごく勉強になった。

李 そう？

愛 うん。これからは私も掃除、

がんばろう！

サークル室 서클실, 동아리방 ｜ **丁寧だ** 꼼꼼하다, 주의 깊고 신중하다 ｜ **〜なんか** 〜따위, 〜같은 ｜ **〜ばっかり** 〜만
(ばかり의 힘줌 말) ｜ **冗談** 농담 ｜ **〜抜きで** 〜없이, 〜빼고 ｜ **まとめる** 한데 모으다 ｜ **仕方** 하는 방법

ロールプレイ

1 ＡとＢは同じ会社に勤めており、ＡはＢの部下です。今、ＡとＢは一緒に昼食をとっ
ています。

A와 B는 같은 회사에 근무하며, A는 B의 부하입니다. 지금 A와 B는 함께 점심을 먹고 있습니다.

ロールカードＡ	ロールカードＢ
당신은 입사 3년째 사원이고, 부하들이 따르는 상사 B 씨를 정말로 존경하고 있습니다. B 씨의 인격과 능력을 칭찬하세요.	부하 A 씨의 이야기를 듣고 대답하세요.
あなたは入社３年目の社員で、部下のみんなから慕われている上司のＢさんをとても尊敬しています。Ｂさんの人柄や能力をほめてください。	部下のＡさんの話を聞いて、返答してください。

 단어

入社 입사 ｜ **慕う** 우러르다, 사모하다 ｜ **人柄** 인품 ｜ **能力** 능력 ｜ **返答する** 대답하다

2 ＡとＢは同じ大学のダンスサークルのメンバーです。先日、サークルの公演が無事終わりました。

A와 B는 같은 대학의 댄스 동아리 멤버입니다. 일전에 동아리 공연이 무사히 끝났습니다.

ロールカードＡ	ロールカードＢ
당신은 이번 공연이 성공한 것은 리더인 B 씨의 덕분이라고 생각하고 있습니다. B 씨의 인격이나 리더십을 칭찬하세요. あなたは、今回の公演が成功したのはリーダーのＢさんのおかげだと思っています。Ｂさんの人柄やリーダーシップをほめてください。	동아리 멤버 A 씨의 이야기를 듣고, 대답하세요. サークルのメンバーのAさんの話を聞いて、返答してください。

メンバー 멤버, 회원 ｜ **公演** 공연 ｜ **無事** 무사히 ｜ **リーダーシップ** 리더십 ｜ **成功する** 성공하다

1 ～にとって

- 私にとってこの３年間はとても有意義な時間だった。

- 今のわが社にとって、B社とのつながりは最も重要だ。

- _____にとっては、飲み会は楽しいものではない。

- 자유 작문

2 (～)抜きで

- この映画、理屈抜きで面白いから、ぜひ見てください。

- 今日は仕事の話は抜きで、楽しみましょう。

- 今日は_____抜きでサラダを作ってみました。

- 자유 작문

有意義だ 값어치가 있다, 의미가 있다 | **理屈** 이치, 이유

フリートーキング

🔔 性格

あなたは自分の性格について考えたことがありますか。自分が考える性格と人から見られる性格は同じですか。今回は性格について話してみましょう。

性格・タイプを表す言葉　☑ 📁 📓 🕐

優しい性格	素直	優柔不断	お人好し	
明るい性格	社交的	積極的	おおらか	
まじめな性格	誠実	几帳面	おとなしい	
そのほか	謙虚	わがまま	マイペース	負けず嫌い

▶ 上の言葉を参考にあなたの性格について話してみましょう。

▶ あなたの性格で変えたいところはありますか。

性格 성격 | **表す** 나타내다 | **素直だ** 순진하다, 순수하다 | **優柔不断だ** 우유부단하다 | **お人好しだ** 선량하고 어수룩하다 | **おおらかだ** 느긋하고 대범하다 | **誠実だ** 성실하다 | **几帳面だ** 착실하다 | **おとなしい** 얌전하다 | **謙虚だ** 겸허하다 | **わがままだ** 버릇없다 | **マイペース** 자기 나름의 진도, 자기 방식 | **負けず嫌いだ** 지기 싫어하다

알고 있는 단어들을 네모 안에 체크해 봅시다.

●● 1류 동사

- ☐ あずかる
- ☐ あらわす(表す)
- ☐ おちつく(落ち着く)
- ☐ したう(慕う)
- ☐ みならう(見習う)

●● 2류 동사

- ☐ ほめる
- ☐ まかせる(任せる)

●● 3류 동사

- ☐ せいこうする(成功する)
- ☐ そんけいする(尊敬する)
- ☐ たんとうする(担当する)
- ☐ へんとうする(返答する)

●● い형용사

- ☐ うらやましい
- ☐ おとなしい

●● な형용사

- ☐ おひとよしだ(お人好しだ)
- ☐ おおらかだ
- ☐ きちょうめんだ(几帳面だ)
- ☐ きれいずきだ(きれい好きだ)
- ☐ けんきょだ(謙虚だ)
- ☐ すなおだ(素直だ)
- ☐ せいじつだ(誠実だ)

- ☐ ていねいだ(丁寧だ)
- ☐ まけずぎらいだ(負けず嫌いだ)
- ☐ ゆういぎだ(有意義だ)
- ☐ ゆうじゅうふだんだ(優柔不断だ)
- ☐ わがままだ

●● 부사

- ☐ さすが
- ☐ とにかく

●● 기타

- ☐ ぎだい(議題)
- ☐ きょうしゅく(恐縮)
- ☐ こうえい(光栄)
- ☐ こうせい(構成)
- ☐ しかた(仕方)
- ☐ しどう(指導)
- ☐ じょうだん(冗談)
- ☐ たいおう(対応)
- ☐ のうりょく(能力)
- ☐ ひとがら(人柄)
- ☐ ものしり(物知り)
- ☐ ようりょう(要領)
- ☐ りくつ(理屈)

●● 숙어표현

- ☐ くちにあう(口に合う)

Lesson

04

提案する
<small>てい　あん</small>

이 과에서는 자신의 생각 혹은 아이디어를 제안하거나
상대방의 제안에 찬성할 때 필요한 어휘와 표현에 대해 학습합니다.

1 お金を節約する方法を提案してください。

2 連休の楽しい過ごし方を提案してください。

☑ 동료에게 제안을 하고 있습니다. 빈칸에 들어갈 알맞은 표현을 모두 골라 봅시다.

日本に旅行するなら、
どこがいいですか。

_____
_____。

① 日本旅行は楽しかったです。

② 九州の温泉めぐりなんかもいいかもしれませんね。

③ 日本旅行なら、東京がお勧めです。

節約する 절약하다 | **提案する** 제안하다 | **連休** 연휴 | **過ごし方** 보내는 법 | **温泉めぐり** 온천 순례

表現

💡 これだけは！

1　提案する

> **フォーマル**　・担当者に事情を話してみたらどうですか。

> **インフォーマル**　・音楽好きだし、イヤホンをあげるのはどう？

2　提案に賛成する

> **フォーマル**　・それはいい考えですね。

> **インフォーマル**　・賛成、そうしよう。

💡 もっと話せる！

MP3 **30**

1　提案する

・合宿場所は、空気のいい中山湖にしませんか。

・広告で人を募るというのは、いかがでしょうか。

・せっかく来たんだから、温泉に寄っていかない？

・紅葉を見るなら、つくば高原がいいんじゃない？

2　提案に賛成する

・ええ、私もそう思います。

・なるほど。確かにそうですね。

・あ、それ、いいね。

・うん。それでいいんじゃない？

担当者 담당자 ｜ **事情** 사정 ｜ **〜好き** 〜를 좋아함 ｜ **イヤホン** 이어폰 ｜ **賛成する** 찬성하다 ｜ **合宿** 합숙 ｜ **空気** 공기
｜ **広告** 광고 ｜ **募る** 모집하다 ｜ **寄る** 들르다 ｜ **紅葉** 단풍 ｜ **高原** 고원

① 提案する (フォーマル)

🎵 MP3 **31**

A どうも a 会社のセキュリティーに問題が
　あるようなんです。

B 担当者に b 事情を話してみたらどうですか。

A そうですね。

1 a 一部の商品　　　b 確認してみるのはどうですか

2 a 報告書の内容　　　b 調査を頼んでみるのもいいと思いますが

3 a 製品の安全性　　　b 点検をお願いしたほうがいいかもしれませんね

② 提案に賛成する (フォーマル)

🎵 MP3 **32**

A a 講演会の司会は加藤さんに任せたら
　いかがでしょうか。

B b それはいい考えですね。

1 a 当日のお昼はお弁当にする　　　b いいですね。そうしましょう

2 a 次回のドラマは恋愛ものにする　　　b なるほど。それでいきましょう

3 a 場所の変更についてはもう一度話し合う　　　b ええ、私もそう思います

セキュリティー 안전, 방범 ┃ **一部** 일부 ┃ **商品** 상품 ┃ **確認する** 확인하다 ┃ **報告書** 보고서 ┃ **調査** 조사 ┃ **製品** 제품 ┃ **安全性** 안전성 ┃ **点検** 점검 ┃ **講演会** 강연회 ┃ **司会** 사회 ┃ **当日** 당일 ┃ **恋愛もの** 연애물 ┃ **変更** 변경

③ **提案する (インフォーマル)**

A ａ<ruby>田中<rt>た なか</rt></ruby>さんの<ruby>誕生日<rt>たんじょう び</rt></ruby>、どうしようか。
B ｂ<ruby>音楽好<rt>おんがく ず</rt></ruby>きだし、ｃイヤホンをあげるのはどう。

1 ａ<ruby>演奏会<rt>えんそうかい</rt></ruby>の<ruby>打<rt>う</rt></ruby>ち<ruby>上<rt>あ</rt></ruby>げ　　ｂ<ruby>来週<rt>らいしゅう</rt></ruby>はテスト　　ｃ<ruby>終<rt>お</rt></ruby>わってからにする
2 ａ<ruby>文化祭<rt>ぶん か さい</rt></ruby>の<ruby>準備<rt>じゅん び</rt></ruby>　　ｂ<ruby>平日<rt>へいじつ</rt></ruby>は<ruby>部活<rt>ぶ かつ</rt></ruby>がある　　ｃ<ruby>週末<rt>しゅうまつ</rt></ruby>に<ruby>集<rt>あつ</rt></ruby>まる
3 ａ<ruby>英会話教室<rt>えいかい わ きょうしつ</rt></ruby>の<ruby>申<rt>もう</rt></ruby>し<ruby>込<rt>こ</rt></ruby>み　　ｂ<ruby>広告<rt>こうこく</rt></ruby>だけじゃ<ruby>分<rt>わ</rt></ruby>からない　　ｃ<ruby>説明<rt>せつめい</rt></ruby>を<ruby>聞<rt>き</rt></ruby>きに<ruby>行<rt>い</rt></ruby>く

④ **提案に賛成する (インフォーマル)**

A <ruby>帰<rt>かえ</rt></ruby>りは<ruby>疲<rt>つか</rt></ruby>れるからタクシーａにしようよ。
B ｂ<ruby>賛成<rt>さんせい</rt></ruby>、そうしよう。

1 ａ<ruby>に乗<rt>の</rt></ruby>らない　　　　　　ｂそれもそうだね
2 ａにしたほうがいいんじゃない　　ｂ<ruby>確<rt>たし</rt></ruby>かに、そのほうがいいね
3 ａに<ruby>乗<rt>の</rt></ruby>るのはどう　　　　ｂそうだね、それがいいと<ruby>思<rt>おも</rt></ruby>う

<ruby>演奏会<rt>えんそうかい</rt></ruby> 연주회 | <ruby>打<rt>う</rt></ruby>ち<ruby>上<rt>あ</rt></ruby>げ 뒤풀이 | <ruby>文化祭<rt>ぶん か さい</rt></ruby> 학교 축제 | <ruby>部活<rt>ぶ かつ</rt></ruby> 동아리 활동 | <ruby>集<rt>あつ</rt></ruby>まる 모이다 | <ruby>申<rt>もう</rt></ruby>し<ruby>込<rt>こ</rt></ruby>み 신청

ダイアローグ

♪ MP3 **35**

1 同僚_{どうりょう}に提案_{ていあん}する / 同僚_{どうりょう}の提案_{ていあん}に賛成_{さんせい}する

舞_{まい} あのう、金_{キム}さん。秋_{あき}の社員旅行_{しゃいんりょこう}のことなんですけど、ちょっと悩_{なや}んでい

ることがあって。

金_{キム} ああ、舞_{まい}さん、どうしたんですか。

舞_{まい} 実_{じつ}は、予算_{よさん}の関係上_{かんけいじょう}、中型_{ちゅうがた}バスが借_かりられなさそうなんです。

金_{キム} 参加者_{さんかしゃ}って３０人近_{にんちか}くいますよね。小型_{こがた}バスにみんな乗_のれるんですか。

舞_{まい} 補助席_{ほじょせき}を使_{つか}えばなんとか。

金_{キム} でも、かなり狭_{せま}そうですね。窮屈_{きゅうくつ}で観光_{かんこう}どころじゃなくなりそうですよ。
疲_{つか}れをいやすための旅行_{りょこう}なのに。

舞_{まい} そうですよね。

金_{キム} 一度_{いちど}、経理部_{けいりぶ}の大野_{おおの}さんに事情_{じじょう}を話_{はな}してみたらどうですか。

舞_{まい} そうですね。早速明日_{さっそくあした}、

相談_{そうだん}してみます。

 秋_{あき} 가을 | ～上_{じょう} ～상 | 中型_{ちゅうがた} 중형 | 借_かりる 빌리다 | 小型_{こがた} 소형 | 補助席_{ほじょせき} 보조석 | 窮屈_{きゅうくつ}だ 갑갑하다 | ～どころ
じゃない ～할 처지가 아니다 | 疲_{つか}れをいやす 피로를 풀다 | 経理部_{けいりぶ} 경리부

2 友人のプレゼントを提案する / 友人の提案に賛成する

李　ゆいちゃんの誕生日のプレゼント、何にしようか。

舞　ゆいちゃん、ジュエリー好きだし、誕生石のネックレスなんかどう？

李　あ、それいいね。誕生石、ええと、エメラルドだったっけ？

舞　うん。いくらぐらいするんだろう。ちょっと調べてみるね。

　　あったあった。うわ、一万円軽く超えてる。

李　そっか。じゃあ、ほかのものにしようか。

舞　そういえば、ゆいちゃん、コーヒーメーカーがほしいって言ってたような気がする。インスタントはあんまりおいしくないって。

李　そうなんだ。じゃ、それにしよう！

ジュエリー 주얼리, 보석류 ｜ **誕生石** 탄생석 ｜ **ネックレス** 목걸이 ｜ **エメラルド** 에메랄드 ｜ **～っけ** ～였지, ～던가 ｜

越える 넘다 ｜ **コーヒーメーカー** 커피메이커 ｜ **インスタント** 인스턴트

1 ＡとＢは同じ会社に勤めています。ＡはＢの部下です。もうすぐ社員旅行がありますが、まだ、旅行の場所が決まっていません。

Ａ와 Ｂ는 같은 회사에 근무하고 있습니다. Ａ는 Ｂ의 부하입니다. 이제 곧 사원여행을 가는데, 아직 여행 장소가 정해지지 않았습니다.

ロールカードＡ	ロールカードＢ
당신은 상사 Ｂ 씨에게 사원여행에 적절하다고 생각하는 장소를 이유를 말하면서 제안하세요. あなたは上司のＢさんに社員旅行に適切だと思う場所を理由を話しながら提案してください。	부하 Ａ 씨의 이야기를 듣고 납득이 되면 승낙, 납득이 안되면 이유를 말하고 반대하세요. 部下のＡさんの話を聞いて、納得ができれば承諾、できなければ理由を話して反対してください。

適切だ 적절하다 ｜ **納得** 납득 ｜ **反対する** 반대하다

50

2 ＡとＢは同じ大学で同じサークルに入っています。 ＡとＢのサークルは大学の文化祭で「たこ焼屋」をする予定でしたが、今年は大学で火を使うことが禁止されました。

A와 B는 같은 대학이고 같은 동아리에 들었습니다. A와 B의 동아리는 대학 축제에서 '다코야키 가게'를 할 예정이었는데, 올해는 대학에서 불을 사용하는 것이 금지되었습니다.

ロールカードＡ	ロールカードＢ
B 씨에게 다코야키를 대신할 안을 제안하세요.	A 씨의 이야기를 듣고 납득이 되면 찬성, 납득이 안 되면 이유를 말하며 반대하세요.
Bさんに、たこ焼きに代わる案を提案してください。	Aさんの話を聞いて、納得ができたら賛成、納得ができなければ、理由を話して反対してください。

たこ焼き 다코야키, 문어빵 │ 屋台 포장마차 │ 禁止する 금지하다 │ 代わる 대신하다

1 ～どころじゃない

- 今、忙しくて、遊ぶどころじゃない。

- 給料前で、買い物どころじゃない。

- ＿＿＿＿＿＿＿＿＿＿＿＿、旅行どころじゃない。

- 자유 작문

2 ～っけ

- カードの暗証番号、何番だっけ？

- 私、この話、前にもしましたっけ？

- ＿＿＿＿＿＿＿＿の日、いつでしたっけ？

- 자유 작문

給料 급료 ｜ 暗証番号 비밀번호

フリートーキング

🔔 将来の夢

あなたはどんな仕事が自分に向いていると思いますか。今回は、将来の夢について話し合ってみましょう。

▶ あなたはどんな仕事がしたいですか。

下の語彙を参考に話してみましょう。

こんな仕事を…

① 人を助ける仕事
② 国を動かす仕事
③ 国際舞台で活躍できる仕事

④ 自分にしかできない仕事
⑤ 子供たちと関わる仕事
⑥ 安定して収入が得られる仕事

⑦ デザイナー
⑧ 通訳
⑨ 獣医
⑩ 弁護士

⑪ 教師
⑫ 公務員
⑬ 銀行
⑭ 商社

⑮ 貿易会社
⑯ マスコミ
⑰ メーカー
⑱ 出版社

こんな能力、資質が必要…

① 語学力
② 人当たりのよさ
③ 美しさ
④ パソコンスキル
⑤ リーダーシップ

⑥ 行動力
⑦ 独創性
⑧ 専門知識
⑨ センス
⑩ ～への情熱

⑪ 手先の器用さ
⑫ 頭の回転の速さ
⑬ ～に関する技術
⑭ ～の資格
⑮ その他

向く 適合하다, 어울리다 | 語彙 어휘 | 参考 참고 | 動かす 움직이다 | 舞台 무대 | 活躍 활약 | 関わる 관계되다 |
安定 안정 | 収入 수입 | デザイナー 디자이너 | 獣医 수의사 | 弁護士 변호사 | 公務員 공무원 | 商社 상사 |
マスコミ 매스컴 | メーカー 제조업 | 出版社 출판사 | 語学力 어학력 | 人当たり 사람을 대하는 태도 | スキル
스킬, 기술 | 行動力 행동력 | 独創性 독창성 | 情熱 정열 | 手先の器用さ 손재주가 좋음 | 回転 회전 | 技術 기술

単語チェック

알고 있는 단어들을 네모 안에 체크해 봅시다.

●● **1류동사**

☐ うごかす(動かす)

☐ かかわる(関わる)

☐ つのる(募る)

☐ むく(向く)

●● **2류동사**

☐ こえる(越える)

●● **3류동사**

☐ さんせいする(賛成する)

☐ せつやくする(節約する)

●● **な형용사**

☐ きゅうくつだ(窮屈だ)

☐ てきせつだ(適切だ)

●● **직업**

☐ こうむいん(公務員)

☐ じゅうい(獣医)

☐ デザイナー

☐ べんごし(弁護士)

●● **모임 및 행사**

☐ うちあげ(打ち上げ)

☐ えんそうかい(演奏会)

☐ こうえんかい(講演会)

☐ しかい(司会)

●● **회사**

☐ きゅうりょう(給料)

☐ けいりぶ(経理部)

☐ しゅうにゅう(収入)

☐ しゅっぱんしゃ(出版社)

☐ しょうしゃ(商社)

☐ しょうひん(商品)

☐ せいひん(製品)

☐ ほうこくしょ(報告書)

●● **기타**

☐ あんてい(安定)

☐ いちぶ(一部)

☐ かいてん(回転)

☐ がっしゅく(合宿)

☐ かつやく(活躍)

☐ こうどうりょく(行動力)

☐ じょうねつ(情熱)

☐ てんけん(点検)

☐ とうじつ(当日)

☐ どくそうせい(独創性)

☐ なっとく(納得)

☐ ひとあたり(人当たり)

☐ ほじょせき(補助席)

☐ もみじ(紅葉)

☐ やたい(屋台)

☐ れんあいもの(恋愛もの)

●● **숙어표현**

☐ つかれをいやす(疲れをいやす)

不満を伝える
ふ まん つた

이 과에서는 상대방에게 불만을 전하거나
그것에 대해 해명할 때 필요한 어휘와 표현에 대해 학습합니다.

1 あなたはどんなときにイライラしますか。

2 あなたのストレス解消法（かいしょうほう）は何（なん）ですか。

☑ 아르바이트하는 곳에서의 불만을 친구에게 말합니다. 빈칸에 들어갈 알맞은 표현을 모두 골라 봅시다.

最近（さいきん）、バイトどう？

_____
_____ 。

① 同僚（どうりょう）がいつも遅刻（ちこく）してくるんだよね。

② 時給（じきゅう）が全然（ぜんぜん）上（あ）がらなくて…。

③ へえ、バイト楽（たの）しくてよかったね。

イライラする 짜증나다 | 解消法（かいしょうほう）해소법 | 同僚（どうりょう）동료 | 時給（じきゅう）시급

表現

🔆 これだけは！

🎵 MP3 **38**

① 不満（ふまん）を伝（つた）える

> **フォーマル** ・大変（たいへん）言（い）いにくいんですが、出勤時間（しゅっきんじかん）はきちんと守（まも）ってもらわないと困（こま）るんですよ。

> **インフォーマル** ・あんまり言（い）いたくないんだけど、遅（おく）れるなら連絡（れんらく）ぐらいしてよ。

② 釈明（しゃくめい）する

> **フォーマル** ・申（もう）し訳（わけ）ありません。約束（やくそく）の時間（じかん）をすっかり勘違（かんちが）いしていて…。

> **インフォーマル** ・ごめんね。最近体調（さいきんたいちょう）が悪（わる）くて…。

🔆 もっと話せる！

🎵 MP3 **39**

① 不満（ふまん）を伝（つた）える

・大変（たいへんもう）申し上（あ）げにくいんですが、 ・気（き）に障（さわ）ったら申（もう）し訳（わけ）ないんですが、	**＋** 夜（よる）9時（じ）以降（いこう）は静（しず）かにしていただけると助（たす）かります。
・言（い）いにくいんだけど、 ・言（い）おうかどうか迷（まよ）ったんだけど、	**＋** もうちょっと早（はや）く来（き）てくれないと困（こま）るんだよね。

② 釈明（しゃくめい）する

・どうもすみません。 ・ご迷惑（めいわく）をおかけしました。	**＋** いらっしゃるって知（し）らなかったものですから…。 てっきりパソコンの問題（もんだい）とばかり思（おも）っていましたので…。
・ごめん。 ・本当（ほんとう）にごめん。	**＋** 当然（とうぜん）知（し）ってるって思（おも）ってたから…。 ちゃんと確認（かくにん）したはずなんだけど…。

単語（たんご） 不満（ふまん） 불만 ｜ 釈明（しゃくめい）する 해명하다 ｜ 勘違（かんちが）いする 착각하다 ｜ 体調（たいちょう）が悪（わる）い 몸 상태가 안 좋다 ｜ 毎回（まいかい） 매회, 매번 ｜ 気（き）に障（さわ）る 불쾌하다, 마음에 거슬리다 ｜ どうかと思（おも）う 별로 좋을 것 같지 않다 ｜ てっきり 틀림없이 ｜ 当然（とうぜん） 당연히

① 不満を伝える (フォーマル)

MP3 **40**

A a <u>大変言いにくいんですが</u>、b <u>出勤時間は</u>
<u>きちんと守ってもらわないと困るんですよ</u>。
B 申し訳ありません。今後、気をつけます。

1 a わざわざ言いたくはない 　　　　b 借りた資料は早めに返す

2 a 細かいことで申し訳ない 　　　　b 報告書にはページ数を入れる

3 a こんなことを言うのは失礼かもしれない 　　b 早くこの会社の方針に慣れる

② 釈明する (フォーマル)

MP3 **41**

A 申し訳ありません。
a <u>約束の時間をすっかり勘違いしていて</u>…。
B b <u>武田工業さん</u>はお得意様ですから、
きちんと謝っておいてくださいね。

1 a お名前まではよく知らなかったもので 　　b NNL通信

2 a メールを送ったとばかり思っておりまして 　　b アサヒ商事

3 a てっきり田中さんが対応したと思っていたものですから 　　b ゆり銀行

細かい 사소하다 | **方針** 방침 | **お得意様** 단골 | **通信** 통신

③ **不満を伝える (インフォーマル)**　MP3 **42**

A a あんまり言いたくないんだけど、
　b 遅れるなら連絡ぐらいしてよ。
B ごめん。これから気をつけるね。

1 a 忙しいのかもしれない　　　　　b 最近ちょっとドタキャンが多くない
2 a 私が言うのもなんだ　　　　　　b バイト無断欠勤しすぎじゃない
3 a 慣れてないのは分かる　　　　　b もう少し敏速に動かないと

④ **釈明する (インフォーマル)**　MP3 **43**

A 試合も近いし、a 練習には毎日参加して
ほしいんだけど…。
B ごめんね。b 最近体調が悪くて。

1 a ユニフォームを早く揃える　　　　b バイト代がまだ入らなくて
2 a 基礎的なミスはなくす　　　　　　b 実はけががまだ治ってなくて
3 a もう少し遅くまで練習する　　　　b 家の門限が厳しくて

단어 **ドタキャン** 막바지에 이르러서 약속을 취소함 | **無断欠勤する** 무단결근하다 | **敏速に** 민첩하고 빠르게 | **基礎的だ** 기

초적이다 | **ミス** 미스, 실수 | **門限** 통금 시간

1 部下に不満を伝える / 上司に釈明する

金　失礼します。課長、お呼びでしょうか。

課長　金さん、吉田産業さんからサンプルが届かないって問い合わせがきて

　　　ますけど。

金　えっ、吉田産業さん…。ちょっと待ってください。ええと…。

課長　金さん、先週も発注ミスが一つありましたよね。

　　　それから、ついでに言わせてもらいますけど、勤務中に居眠りするの

　　　はどうかと思うんですが。

金　申し訳ありません。最近、寝不足気味のせいか、体調があまり良くな

　　　くて…。今後、気をつけます。

課長　まあ、金さんは営業成績もいいことですし、あまり小言は言いたくな

　　　いんですけどね。でも、吉田産業さんはお得意様ですから、

　　　失礼のないようきちんと謝っておいてく

　　　ださいね。

金　分かりました。

産業 산업 | **問い合わせ** 문의 | **発注** 발주 | **勤務中** 근무 중 | **居眠りする** 앉아서 졸다 | **寝不足** 잠 부족 |
～気味 ～기미, ～경향 | **営業成績** 영업 성적 | **～ことだし** ～하니까 | **小言を言う** 잔소리를 하다

2 友人に不満を伝える / 友人に釈明する

李　純君、来月のキャンプのことなんだけど、プログラム作ったの純君だよね。

純　うん、そうだけど。

李　二日目の夜にカラオケ大会をするって本当？

純　うん、カラオケって盛り上がるし、面白いかなって思って。

李　うーん。でも、カラオケって、嫌いな人、結構いるよ。愛ちゃんもそうだし、ゆいちゃんも苦手だって言ってたよ。

純　えー、そうなんだ。

李　うん。せっかくのキャンプなんだし、花火とか、もっと誰でも楽しめるものにしたらどうかな。

純　花火か。それ、いいね。
プログラム、一生懸命考えたつもりが、
かえって裏目に出ちゃったなあ。

キャンプ 캠프 | **プログラム** 프로그램 | **盛り上がる** 흥이 고조되다 | **結構** 제법, 꽤 | **苦手だ** 거북하고 싫다 |
～つもりが、かえって ～하려고 한 것이 오히려 | **裏目に出る** 예상이 틀어지다

ロールプレイ

1 Aはインターネットでベッドカバーを注文しましたが、予定より3日遅れて届きました。その上、注文したものとは違うものが届きました。BはAが買い物をしたネットショップの社員です。

A는 인터넷으로 침대 커버를 주문했는데, 예정보다 3일 늦게 도착했습니다. 게다가 주문한 것과는 다른 것이 도착했습니다. B는 A가 물건을 산 인터넷 쇼핑몰 사원입니다.

ロールカードA	ロールカードB
구매한 상점에 전화해서 사정을 설명하고 불만을 말하세요.	손님의 말을 듣고 대응하세요.
買った店に電話をして事情を説明し、不満を伝えてください。	客の話を聞いて、対応してください。

2 AとBは親しい友達同士です。しかし、BはAが話したことを何でも他の友達に話してしまいます。

A와 B는 친한 친구 사이입니다. 그러나 B는 A가 이야기한 것을 뭐든 다른 친구에게 이야기해 버립니다.

ロールカードA	ロールカードB
B 씨에 대한 불만을 말하세요. Bさんに対する不満を伝えてください。	A 씨에게 해명하면서 대응하세요. Aさんに対して釈明しながら、対応してください。

1 名詞（めいし） / 動詞（どうし）「マス」形 ➕ **気味（ぎみ）**

・ちょっと風邪（かぜ）気味（ぎみ）なので、家（いえ）で休（やす）みます。

・彼（かれ）は興奮（こうふん）気味（ぎみ）にその出来事（できごと）について話（はな）してくれた。

・ちょっと＿＿＿＿＿＿＿＿＿＿＿＿気味（きみ）なので、家（いえ）で休（やす）みます。

・자유 작문

---

2 ～つもりが、かえって

・喜（よろこ）ばすつもりが、かえって怒（おこ）らせてしまった。

・やせるつもりが、かえって太（ふと）ってしまった。

・節約（せつやく）したつもりが、かえって＿＿＿＿＿＿＿＿＿＿＿＿。

・자유 작문

단어

興奮（こうふん） 흥분 | **出来事（できごと）** 사건, 일 | **喜（よろこ）ばす** 기쁘게 하다

フリートーキング

🔔 **もしも…**

もしも、もっとお金があったら…もしもあの時に戻れたら…などと考えたことはありませんか。今回はいろいろな「もしも」について話し合ってみましょう。

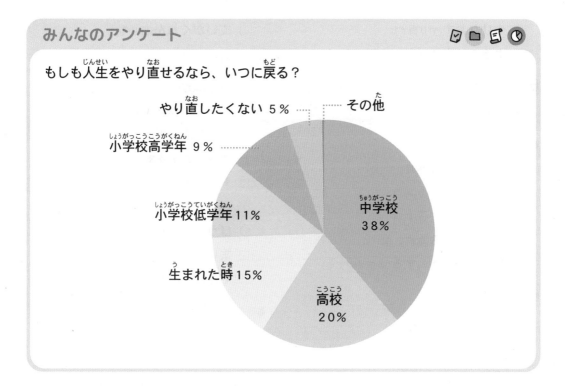

みんなのアンケート ☑ 📁 📄 🕐

もしも人生をやり直せるなら、いつに戻る？

- やり直したくない 5％
- その他
- 小学校高学年 9％
- 小学校低学年 11％
- 生まれた時 15％
- 中学校 38％
- 高校 20％

▶ あなたがもしも人生をやり直せるなら、いつに戻って何をしますか。その理由は？

▶ **究極の選択〜もしも!?**

・「時間を止める力」と「未来が見える力」どちらがほしい？
・「働かないで遊んで暮らせる人生」と「忙しいけど、仕事に喜びを感じる人生」どちらを選択する？

単語

もしも 만약 ｜ やり直す 다시 하다 ｜ 中学校 중학교 ｜ 低学年 저학년 ｜ 高学年 고학년 ｜ 究極 궁극 ｜ 選択する 선택하다

単語チェック

알고 있는 단어들을 네모 안에 체크해 봅시다.

●● 1류동사
- ☐ はげます(励ます)
- ☐ もりあがる(盛り上がる)
- ☐ やりなおす(やり直す)
- ☐ よろこばす(喜ばす)

●● 2류동사
- ☐ とめる(留める)

●● 3류동사
- ☐ いねむりする(居眠りする)
- ☐ かんちがいする(勘違いする)
- ☐ しゃくめいする(釈明する)
- ☐ せんたくする(選択する)
- ☐ むだんけっきんする(無断欠勤する)

●● な형용사
- ☐ きそてきだ(基礎的だ)
- ☐ にがてだ(苦手だ)

●● 부사
- ☐ けっこう(結構)
- ☐ てっきり
- ☐ とうぜん(当然)
- ☐ びんそくに(敏速に)
- ☐ もしも

●● 회사
- ☐ えいぎょうせいせき(営業成績)
- ☐ おとくいさま(お得意様)
- ☐ さんぎょう(産業)
- ☐ といあわせ(問い合わせ)
- ☐ はっちゅう(発注)

●● 학교
- ☐ こうがくねん(高学年)
- ☐ ちゅうがっこう(中学校)
- ☐ ていがくねん(低学年)

●● 기타
- ☐ いち(位置)
- ☐ かわりめ(変わり目)
- ☐ つうしん(通信)
- ☐ できごと(出来事)
- ☐ ドタキャン
- ☐ ねぶそく(寝不足)
- ☐ ほうしん(方針)
- ☐ まいかい(毎回)
- ☐ もんげん(門限)

●● 숙어표현
- ☐ うらめにでる(裏目に出る)
- ☐ きにさわる(気に障る)
- ☐ こごとをいう(小言を言う)

不安を打ち明ける

이 과에서는 불안한 마음을 털어놓거나
상대방을 격려할 때 필요한 어휘와 표현에 대해 학습합니다.

1 不安^{ふあん}がある時^{とき}、誰^{だれ}かに打^うち明^あけますか。

2 携帯電話^{けいたいでんわ}を家^{いえ}に忘^{わす}れて外出^{がいしゅつ}すると不安^{ふあん}になりますか。

☑ 친구가 힘이 없어 보입니다. 빈칸에 들어갈 알맞은 표현을 모두 골라 봅시다.

どうしたの？
元気ないね。

_____
_____ 。

① 明日^{あした}の発表^{はっぴょう}、うまくいくかどうか不安^{ふあん}で…。

② うん。よかったら、私^{わたし}が相談^{そうだん}に乗^のるよ。

③ うん。ちょっと友達^{ともだち}とけんかしちゃったんだ。

不安^{ふあん} 불안 ㅣ 打^うち明^あける 털어놓고 이야기하다 ㅣ 相談^{そうだん}に乗^のる 상담에 응하다

表現

これだけは！

MP3 **47**

① 不安を打ち明ける

> フォーマル ・ここだけの話なんですが、実は地方の支店に出向を命じられまして。

> インフォーマル ・最近、体調が悪いんだけど、重い病気だったらどうしよう。

② 励ます

> フォーマル ・あんまり心配しない方がいいですよ。

> インフォーマル ・Aさんなら、うまくいくよ。

もっと話せる！

MP3 **48**

① 不安を打ち明ける

・あまり言いたくないんですが、

・ちょっと不安なんですが、

╋ 昇進試験、全く自信がないんですよ。

あの会社に調査を任せて、本当に大丈夫でしょうか。

・スピーチ大会、大丈夫かなあ。

・実は、先輩とうまく話せなくて…。

② 励ます

・そうとは知りませんでした。うまくいくといいですね。

・それは大変ですね。そういう時は無理をしない方がいいですよ。

・気にすることないよ。誰にでもよくあることだから。

・元気出して。私でよければ、いつでも相談に乗るから。

단어

地方 지방 ｜ **支店** 지점 ｜ **出向** 명령으로 다른 곳에 감 ｜ **命じる** 명령하다 ｜ **昇進** 승진

いれかえ練習

① 不安を打ち明ける (フォーマル)

A a ここだけの話なんですが、実は、
　　b 地方の支店に出向を命じられまして。

B そうなんですか。

1 a お恥ずかしい話だ　　　　　　　b 運転免許の筆記試験、自信がないんですよ

2 a あまり言いたくない　　　　　　b 今の会社に将来性を感じられないんです

3 a 誰にも話さないでいただきたい　b うちの母、ちょっと健康に問題がありまして

② 励ます (フォーマル)

A a いつ大地震が起こるかと思うと怖くて
たまらないんです。

B そうなんですか。b でも、あんまり
心配しないほうがいいですよ。

1 a 医者に手術したほうがいいって言われた　　　b それは大変ですね

2 a 取引がうまくいくか心配で夜も眠れない　　　b きっとうまくいきますよ

3 a 来週までに事業計画書を仕上げないといけない
　b 私にお手伝いできることがあったら、何でもおっしゃってください

단어 　恥ずかしい 부끄럽다, 창피하다 | 筆記 필기 | 将来性 장래성 | 感じる 느끼다 | 事業計画書 사업계획서 | 仕上げる
일을 끝내다

A a 最近、体調が悪いんだけど、
b 重い病気だったらどうしよう。
B きっと大丈夫だよ。c 早めに病院行ってね。

1 a A社の入社試験を受けた　　b 落ちる　　　　c 信じて待つしかないよ
2 a イベントの司会を頼まれた　b うまくできない　c 緊張しないで気楽にね
3 a 最近友達が冷たい　　　　　b 嫌われている　　c 思い過ごしだよ

④ 励ます (インフォーマル) MP3 52

A a ちゃんと就職できるのか、すごく不安で…。
B b Aさんなら、うまくいくよ。

1 a 次は合格できるのか　　　　b やれるだけのことはやったじゃない
2 a 留学のことを考えると　　　b 案ずるより産むが易し、だよ
3 a 知らない土地に引っ越してきて　b すぐ慣れるよ。私でよければいつでも電話して

 気楽に 마음 편하게 | 思い過ごし 지나친 생각 | 案ずるより産むが易し 일이란 해 보면 생각보다 쉬운 법이다 | 土地 지방, 고장

1 同僚に不安を打ち明ける / 同僚を励ます

舞　金さん、なんか元気ないみたいですけど、どうかしたんですか。

金　ええ、ちょっと、実は、お恥ずかしい話なんですが、僕、今回のプロジェクトから外されちゃったんです。

舞　えっ、本当ですか。

金　大きなミスをしてしまって、さんざん部長に怒られたあげく、結局…。

舞　そうですか。それは、残念でしたね。

金　ええ。やっぱり、まだ僕では実力不足だったみたいです。

舞　そうだったんですか。でも、今回は残念でしたが、もっと勉強して、今回よりも大きな仕事をしてください。金さんなら大丈夫ですよ。元気出してください。

金　ありがとうございます。頑張ります。

外す 제외하다, 빼다 ｜ **さんざん** 몹시 심한 모양, 호되게 ｜ **〜たあげく** 〜한 끝에

2 　友達に不安を打ち明ける / 友達を励ます

純　最近、すごく不安なんだ。就活、もう10社も落ちていて。

愛　あー、分かる。私も全然決まらない。不安になるよね。

純　卒業までに内定もらえるのかなあ。

愛　今日はいつもの純君じゃないね。いつもはもっとポジティブなのに。

純　さすがに、10社も落とされるとね。自分は必要とされてないんじゃない
　　かって気持ちになるよ。

愛　そんなことないって。きっと純君にぴったりの会社にまだ出会っていな
　　いだけだよ。

純　そうかなあ…。

愛　そうだよ。何事も考え方次第だよ。不安なのはみんな同じ、一緒に頑張
　　ろう。

純　そうだね。ありがとう。
　　もっと前向きに頑張るよ。

단어　就活 취직 활동 | 内定 내정 | ポジティブだ 긍정적이다 | 落とす 떨어뜨리다 | 何事も 무슨 일이든 | 考え方 사고
방식 | ～次第 ～나름, ～여하로 결정됨 | 前向きに 적극적으로

ロールプレイ

1 AとBは同じ大学の同級生です。Aは来月から1年間アメリカの大学に留学します。
A와 B는 같은 대학의 동급생입니다. A는 다음 달부터 1년간 미국 대학으로 유학을 갑니다.

ロールカードA	ロールカードB
당신은 영어를 잘 못합니다. 또한 처음 해외에 가기 때문에 매우 불안합니다. 불안한 마음을 B 씨에게 이야기하세요.	A 씨의 말을 듣고 A 씨의 마음이 안정되도록 이야기해주세요.
あなたは英語があまり得意ではありません。また初めての海外でとても不安です。不安な気持ちをBさんに話してください。	Aさんの話を聞いて、Aさんの気持ちが落ち着くように話してあげてください。

단어

同級生 동급생 ｜ **落ち着く** 안정되다, 진정하다

2 AとBは同じ会社に勤めている会社員です。Aは新入社員でBは先輩です。来週、会社で新製品のプレゼンがあります。プレゼンの担当はAです。

A와 B는 같은 회사에서 근무하는 회사원입니다. A는 신입사원이고 B는 선배입니다. 다음 주에 회사에서 신제품 프레젠테이션이 있습니다. 프레젠테이션 담당은 A입니다.

ロールカードA	ロールカードB
당신은 낯을 가리는 성격으로, 다음 주에 있는 프레젠테이션을 잘할 수 있을지 매우 불안합니다. 불안한 마음을 선배 B 씨에게 말하세요.	당신은 A 씨의 능력을 높이 평가하고 있습니다. A 씨의 이야기를 듣고 불안감이 없어지도록 말을 걸어 주세요.
あなたは人見知りな性格で、来週のプレゼンがうまくできるか、とても不安です。不安な気持ちを先輩のBさんに話してください。	あなたはAさんの能力を高く評価しています。Aさんの話を聞いて、不安がなくなるように言葉をかけてあげてください。

단어

言葉をかける 말을 걸다

表現を広げよう

1 動詞「た」形 / 名詞の ＋ あげく

・悩^{なや}んだあげく、海外転勤^{かいがいてんきん}の話^{はなし}を受^うけることにした。

・長時間^{ちょうじかん}の議論^{ぎろん}のあげく、その計画^{けいかく}は中止^{ちゅうし}に決^きまった。

・さんざん＿＿＿＿＿＿＿＿＿＿＿＿＿＿＿＿＿＿あげく、結局買^{けっきょくか}わなかった。

・자유 작문

2 ～次第^{しだい}

・合格^{ごうかく}できるかどうかは本人^{ほんにん}の努力次第^{どりょくしだい}だ。

・書類^{しょるい}が出来次第^{できしだい}、提出^{ていしゅつ}してください。

・本人^{ほんにん}のやる気次第^{きしだい}で＿＿＿＿＿＿＿＿＿＿＿＿＿＿＿＿。

・자유 작문

長時間^{ちょうじかん} 장시간, 오랜 시간 | **議論**^{ぎろん} 의논 | **後悔する**^{こうかい} 후회하다 | **別れる**^{わか} 헤어지다 | **本人**^{ほんにん} 본인 | **やる気**^き 할 마음, 의욕

🔔 好きなもの / 好きなこと

あなたが好きなものは何ですか。何をすることが好きですか。
今回はあなたのお気に入りについて自由に話し合ってみましょう。

みんなのアンケート

一番好きな時間はいつですか？

・趣味のテニスをしている時間が一番好きです。

・ふと「明日は休日だ！」と気付いた瞬間!!

・家族の会話が弾む夕飯時が一番楽しいです。

・やっぱり気の合う友達と話している時かな。

▶ あなたの好きな時間はいつですか。それはどうしてですか。
話し合って発表しましょう。

▶ 今夢中になっていること、はまっていることは何ですか。

단어

お気に入り 마음에 듦 | **ふと** 문득 | **瞬間** 순간 | **弾む** 기세가 오르다, 신바람이 나다 | **夢中だ** 열중하다, 몰두하다 |

はまる 빠지다

単語チェック

알고 있는 단어들을 네모 안에 체크해 봅시다.

●● 1류동사

- ☐ おちつく(落ち着く)
- ☐ おとす(落とす)
- ☐ はずす(外す)
- ☐ はずむ(弾む)
- ☐ はまる

●● 2류동사

- ☐ うちあける(打ち明ける)
- ☐ かんじる(感じる)
- ☐ しあげる(仕上げる)
- ☐ めいじる(命じる)

●● い형용사

- ☐ はずかしい(恥ずかしい)

●● な형용사

- ☐ ポジティブだ
- ☐ むちゅうだ(夢中だ)

●● 부사

- ☐ きらくに(気楽に)
- ☐ さんざん
- ☐ ふと
- ☐ まえむきに(前向きに)

●● 회사

- ☐ してん(支店)
- ☐ しゅうかつ(就活)
- ☐ しゅっこう(出向)
- ☐ しょうしん(昇進)
- ☐ じぎょうけいかくしょ(事業計画書)
- ☐ ないてい(内定)

●● 감정

- ☐ おきにいり(お気に入り)
- ☐ こうかい(後悔)
- ☐ ふあん(不安)
- ☐ やるき(やる気)

●● 기타

- ☐ かんがえかた(考え方)
- ☐ ぎろん(議論)
- ☐ しゅんかん(瞬間)
- ☐ しょうらいせい(将来性)
- ☐ ちほう(地方)
- ☐ ちょうじかん(長時間)
- ☐ なにごと(何事)
- ☐ ひっき(筆記)
- ☐ ほんにん(本人)

●● 숙어표현

- ☐ あんずるよりうむがやすし
  (案ずるより産むが易し)
- ☐ ことばをかける(言葉をかける)
- ☐ そうだんにのる(相談に乗る)

Lesson

07

許可を求める
<ruby>許<rt>きょ</rt></ruby><ruby>可<rt>か</rt></ruby>を<ruby>求<rt>もと</rt></ruby>める

이 과에서는 허가를 구하거나 조건을 붙여 제한적으로 허가할 때
필요한 어휘와 표현에 대해 학습합니다.

1 あなたはカフェに行って一人で勉強をしようと思います。
親しい友人が一緒に行ってもいいかと聞いてきました。どうしますか。

2 友人に家に遊びに行ってもいいかと聞かれました。
どんな条件を付けて許可しますか。

✔ 사원이 상사에게 허가를 구하고 있습니다. 빈칸에 들어갈 알맞은 표현을 모두 골라 봅시다.

① Ａ社の取材は、私に行かせてください。

② 病院へ行くので、明日は休んでいただけないでしょうか。

③ 今から会議室を使いたいのですが、よろしいでしょうか。

親しい 친하다 ｜ 取材 취재 ｜ 会議室 회의실

表現

💡 これだけは！

♪MP3 **56**

1 許可を求める

> **フォーマル** ・大変申し訳ないのですが、10時からセミナー室を使わせていただけない
> でしょうか。

> **インフォーマル** ・もしだめだったらいいんだけど、今度の飲み会、日にち変更してもいい
> かな。

2 条件を付けて許可する

> **フォーマル** ・明日は4時から臨時会議があるので、その前なら大丈夫です。

> **インフォーマル** ・一口だけなら、いいよ。

💡 もっと話せる！

♪MP3 **57**

1 許可を求める

・難しいとは思うんですが、

・わがままを言って申し訳ないのですが、

➕ しめきりをもう一日延ばしていただけるとありがたいんですが…。

・ちょっとトイレ借りたいんだけど、いい？

・わあ、かわいい。写真、撮らせてもらえる？

2 条件を付けて許可する

・家まで取りに来ていただけるなら、お譲りしますよ。

・いいけど、明日までには必ず返してね。

 単어

許可 허가 ┃ 求める 구하다 ┃ 日にち 날짜 ┃ 条件 조건 ┃ 臨時 임시 ┃ しめきり 마감 ┃ 延ばす 연장하다 ┃ わがままを言う 제멋대로 말하다 ┃ 次回 다음 번 ┃ 合同 합동 ┃ 譲る 양도하다, 내주다 ┃ 貸す 빌려주다 ┃ 必ず 반드시 ┃ 返す 돌려주다 ┃ 壊す 망가뜨리다, 고장 내다

7 許可を求める　81

① 許可を求める (フォーマル)

A a大変申し訳ないのですが、b10時から
セミナー室を使わせていただけないでしょうか。
B はい、分かりました。

1 a急な話で申し訳ない　　b明日の説明会に私も参加する

2 a力不足かもしれない　　b実習生の指導は私に任せる

3 aお手数をおかけして申し訳ない　　b商品テストの実施を来週に延期する

② 条件を付けて許可する (フォーマル)

4時

A a今週中に打ち合わせをしたいんですが、
明日の午後はお時間ありますか。
B 明日は4時から臨時会議があるので、
bその前なら大丈夫です。

1 aもう少しお話を伺う　　b6時以降

2 a一度見せていただく　　b3時までに終わる

3 a詳しく説明させていただく　　b3時半に会社を出られる

단어

説明会 설명회 | 力不足 역부족 | 実習生 실습생 | 指導 지도 | 実施 실시 | 延期する 연기하다

③ 許可を求める (インフォーマル)

A もし a だめだったらいいんだけど、
　b 今度の飲み会、日にち変更してもいいかな。
B うん。c いいよ。

1	a 難しい	b ペットの世話、一日だけお願いできる	c 全然かまわないよ
2	a 都合が悪い	b 週末、うちにおじゃましてもいい	c どうぞどうぞ
3	a 嫌い	b 会食のメニュー、中華に変えちゃだめ	c 別にいいよ

④ 条件を付けて許可する (インフォーマル)

A a ちょっと、それ、味見させてくれない？
B b 一口だけなら、いいよ。

1	a 荷物、ここに置く	b 私が帰るまで
2	a 主人公の役、やる	b みんなもいいって言う
3	a ちょっとパソコン使う	b 1時間だけ

中華 중국 요리 | 別に 별로, 특별히 | 味見する 맛보다 | 一口 한 입 | 主人公 주인공 | 役 역, 배역

1 教授に電話の許可を求める / 条件を付けて許可する

愛　あの、先生、12月のシンポジウムの件なんですが。

教授　ああ、待ってましたよ。山田先生と連絡はつきましたか。

愛　はい。でも、残念ながら、その日は出張で、講演は無理だそうです。

教授　そうですか。それは困りましたね。他の先生を探すにも時間が…。

愛　ええ。代わりの先生を探さないといけないんですが、その件でご相談
したいことがあるので、明日、また研究室にお伺いしてもよろしいで
すか。

教授　いいですよ。何時ごろですか。

愛　ええと、私は午後が都合がいいのですが。

教授　午後でしたら、1時以降なら大丈夫ですよ。

愛　ええと、じゃあ、2時にお伺いします。

教授　分かりました。お待ちしています。

シンポジウム 심포지엄 ｜ **連絡がつく** 연락이 되다 ｜ **〜ながら** 〜지만 ｜ **都合がいい** 사정이나 형편이 괜찮다

2 友人に姉同行の許可を求める / 条件を付けて許可する

李 週末、キムチ作るんだけど見に来る？
愛ちゃん、一度見てみたいって言ってたよね。

愛 うん、見てみたい！行ってもいいの？

李 もちろん。いつも一人じゃ食べきれないほど作っちゃうから、来てくれ
たら助かる。作りたてのキムチ、おいしいよ。

愛 うん！…李さん、わがまま言って悪いんだけど、うちの姉、一緒に連れ
ていってもいいかな。

李 うーん、うち狭くて3人は泊まれないから、お姉さんは日曜の朝に来て
もらうのでもよければ、全然かまわないよ。

愛 ほんと？ありがとう！

～きれない 완전히 ～할 수 없다 | ～たて 갓～함 | 連れていく 데리고 가다

1 A、Bを含む友達5人で誕生日会をする予定です。今日はBの誕生日です。

A, B를 포함한 친구 5명이서 생일 파티를 할 예정입니다. 오늘은 B의 생일입니다.

ロールカードA

당신은 생일 파티에 케이크를 사갈 예정이었는데 B 씨가 좋아하는 케이크가 다 팔렸습니다. B 씨에게 전화를 해서 다른 음식이라도 괜찮은지 묻고, 당신이 좋다고 생각하는 음식을 제안하세요.

あなたは誕生日会にケーキを買っていく予定でしたが、Bさんの好きなケーキが売り切れでした。Bさんに電話をして、他の食べ物でもいいか聞き、あなたがいいと思う食べ物を提案してください。

ロールカードB

A 씨의 제안에 대해 조건부로 허가하세요.

Aさんの提案に対して条件付きで許可してください。

含む 포함하다 ｜ **誕生日会** 생일 파티, 생일 모임 ｜ **売り切れ** 품절, 매진 ｜ **条件付き** 조건부

2 AとBは<ruby>会社員<rt>かいしゃいん</rt></ruby>で、BはAの<ruby>上司<rt>じょうし</rt></ruby>です。

A와 B는 회사원이고, B는 A의 상사입니다.

ロールカードA	ロールカードB

상사 B 씨에게 다음주부터 3일간 휴가를 얻는 것에 대해 허가를 받으세요.

<ruby>上司<rt>じょうし</rt></ruby>のBさんに<ruby>来週<rt>らいしゅう</rt></ruby>から３<ruby>日間<rt>みっかかん</rt></ruby>の<ruby>休暇<rt>きゅうか</rt></ruby>を<ruby>取<rt>と</rt></ruby>る<ruby>許可<rt>きょか</rt></ruby>をもらってください。

A 씨가 휴가를 희망하는 날은 일이 마침 바쁜 때입니다. 조건부로 휴가 신청을 허가하세요.

Aさんが<ruby>休暇<rt>きゅうか</rt></ruby>を<ruby>希望<rt>きぼう</rt></ruby>している<ruby>日<rt>ひ</rt></ruby>は、<ruby>仕事<rt>しごと</rt></ruby>がちょうど<ruby>忙<rt>いそが</rt></ruby>しい<ruby>時<rt>とき</rt></ruby>です。<ruby>条件付<rt>じょうけんつ</rt></ruby>きで、<ruby>休暇<rt>きゅうか</rt></ruby>の<ruby>申請<rt>しんせい</rt></ruby>を<ruby>許可<rt>きょか</rt></ruby>してください。

<ruby>休暇<rt>きゅうか</rt></ruby>を<ruby>取<rt>と</rt></ruby>る 휴가를 내다, 휴가를 얻다 | <ruby>申請<rt>しんせい</rt></ruby> 신청

表現を広げよう

1 〜ながら

・<ruby>学生<rt>がくせい</rt></ruby>の<ruby>身分<rt>みぶん</rt></ruby>ながら、<ruby>高級車<rt>こうきゅうしゃ</rt></ruby>に<ruby>乗<rt>の</rt></ruby>るなんて<ruby>贅沢<rt>ぜいたく</rt></ruby>だ。

・<ruby>微力<rt>びりょく</rt></ruby>ながらご<ruby>協力<rt>きょうりょく</rt></ruby>させていただきます。

・<ruby>陰<rt>かげ</rt></ruby>ながら＿＿＿＿＿＿＿＿＿＿＿＿＿＿＿＿。

・자유 작문

2 きる / きれない

・<ruby>彼<rt>かれ</rt></ruby>はその<ruby>巨大<rt>きょだい</rt></ruby>なハンバーガーを<ruby>一人<rt>ひとり</rt></ruby>で<ruby>食<rt>た</rt></ruby>べきった。

・<ruby>広大<rt>こうだい</rt></ruby>な<ruby>遊園地<rt>ゆうえんち</rt></ruby>なので、<ruby>一日<rt>いちにち</rt></ruby>では<ruby>遊<rt>あそ</rt></ruby>びきれない。

・<ruby>使<rt>つか</rt></ruby>いきれないほどの＿＿＿＿＿＿＿を<ruby>持<rt>も</rt></ruby>っている。

・자유 작문

<ruby>高級車<rt>こうきゅうしゃ</rt></ruby> 고급차 ｜ <ruby>贅沢<rt>ぜいたく</rt></ruby>だ 사치스럽다 ｜ <ruby>意地<rt>いじ</rt></ruby>が<ruby>悪<rt>わる</rt></ruby>い 심술궂다 ｜ <ruby>巨大<rt>きょだい</rt></ruby>だ 거대하다 ｜ <ruby>広大<rt>こうだい</rt></ruby>だ 광대하다

🔔 私の歴史

あなたは今までどんな人生を歩んできましたか。
振り返って、記憶に残っているエピソードについて話してみましょう。

▶ 幼稚園

▶ 小学校低学年

▶ 小学校高学年

▶ 中学校

▶ 高校

キーワード

勉強・授業	習い事	友達	学校行事
部活動・サークル	修学旅行	体育祭	文化祭
よくした遊び	初恋	性格	家族、友達との思い出

歩む 걷다 | 振り返る 돌아보다 | 記憶 기억 | エピソード 에피소드 | 幼稚園 유치원 | 習い事 배우는 일 | 部活動 동아리 활동 | 体育祭 운동회 | 初恋 첫사랑 | 思い出 추억

単語チェック

알고 있는 단어들을 네모 안에 체크해 봅시다.

● Ⅰ류동사

- □ **あゆむ**(歩む)
- □ **こわす**(壊す)
- □ **のばす**(延ばす)
- □ **ふくむ**(含む)
- □ **ゆずる**(譲る)

● 2류동사

- □ **ふりかえる**(振り返る)

● 3류동사

- □ **あじみする**(味見する)
- □ **えんきする**(延期する)

● な형용사

- □ **きょだいだ**(巨大だ)
- □ **こうだいだ**(広大だ)
- □ **ぜいたくだ**(贅沢だ)

● 부사

- □ **べつに**(別に)

● 학교

- □ **たいいくさい**(体育祭)
- □ **ならいごと**(習い事)
- □ **ぶかつどう**(部活動)
- □ **ようちえん**(幼稚園)

● 기타

- □ **きおく**(記憶)
- □ **ごうどう**(合同)
- □ **じかい**(次回)
- □ **じき**(時期)
- □ **じっし**(実施)
- □ **じっしゅうせい**(実習生)
- □ **しどう**(指導)
- □ **しゅざい**(取材)
- □ **しゅじんこう**(主人公)
- □ **じょうけんつき**(条件付き)
- □ **しんせい**(申請)
- □ **せつめいかい**(説明会)
- □ **ちからぶそく**(力不足)
- □ **はつこい**(初恋)

● 숙어표현

- □ **いじがわるい**(意地が悪い)
- □ **つごうがいい**(都合がいい)
- □ **つれていく**(連れていく)
- □ **れんらくがつく**(連絡がつく)
- □ **わがままをいう**(わがままを言う)

08

自己PRをする

이 과에서는 자신의 성격과 특기, 활동에 대해 어필할 때
필요한 어휘와 표현에 대해 학습합니다.

1 あなたが今一番がんばっていることは何ですか。

2 あなたは周りからどのような人だと言われますか。

✔ 면접관에게 자기 어필을 하고 있습니다. 빈칸에 들어갈 알맞은 표현을 모두 골라 봅시다.

_____
_____。

あなたの長所を教え
てください。

① 私の長所は粘り強いところだと思います。

② 考え方がポジティブだとよく言われます。

③ 駅前の喫茶店でアルバイトをしています。

単語

周り 주위, 주변 ┃ **長所** 장점 ┃ **粘り強い** 끈기 있다

92

表現

これだけは！

♪ MP3 **65**

① 自分の長所をＰＲする(性格・性質)

> フォーマル ・私はどちらかと言うと、楽観的で、悩みがあってもすぐ吹っ切れるほうです。

> インフォーマル ・子供の扱いには自信あるんだ。

② 自分の長所をＰＲする(活動・特技)

> フォーマル ・私は教えることが好きで、ずっと塾でのアルバイトを続けてきました。

> インフォーマル ・大学時代はサークル一色だったよね。

もっと話せる！

♪ MP3 **66**

① 自分の長所をＰＲする(性格・性質)

・私は、好奇心旺盛であるとよく言われます。興味を持つと、とことん追求していくタイプです。

・ぱっと見ると、人見知りするように見えるかもしれないけど、実は、誰とでもすぐ打ち解けられるんだ。

② 自分の長所をＰＲする(活動・特技)

・私が自慢できることは、英語のスピーチ大会で入賞したことです。

・昔から運動神経には自信があって、だいたいのスポーツはできるよ。

性質 성질 | **楽天的だ** 낙천적이다 | **吹っ切れる** 가시다 | **扱い** 취급, 다루는 것 | **一色** 일색 | **一見** 언뜻 보기에 | **気難しい** 까다롭다 | **〜がちだ** 〜하기 십상이다 | **気さくだ** 싹싹하다 | **好奇心** 호기심 | **旺盛だ** 왕성하다 | **とことん** 끝까지 | **ぱっと** 짝, 확 | **人見知りする** 낯을 가리다 | **打ち解ける** 마음을 터놓다 | **面倒見がいい** 잘 돌보다 | **入賞** 입상 | **ボランティア** 봉사활동 | **培う** 기르다, 배양하다 | **武器** 무기 | **特技** 특기 | **故障** 고장 | **運動神経** 운동신경

① 自分の長所をＰＲする(性格・性質) (フォーマル) MP3 **67**

A まず、ご自分の性格について話してください。
B 私は、どちらかと言うと、a 楽天的で、
b 悩みがあってもすぐ吹っ切れるほうです。

1 a 慎重だ　　　　　　　　b 物事をじっくり考えて行動する
2 a 考え方が柔軟だ　　　　b 他の人の意見によく耳を傾ける
3 a 社交的だ　　　　　　　b 初対面の人ともすぐ仲良くなれる

② 自分の長所をＰＲする(活動・特技) (フォーマル) MP3 **68**

A 次に、自己ＰＲをお願いします。
B はい。私は、a 教えることが好きで、ずっと
b 塾でのアルバイトを続けてきました。

1 a 人の力になりたくて　　　　b 福祉施設でのボランティア
2 a 資格取得のために　　　　　b 栄養管理に関する勉強
3 a 人と接するのが楽しくて　　b 学生会の活動

③ **自分の長所をＰＲする(性格・性質) (インフォーマル)** MP3 **69**

A a 小学校でのボランティア、一緒にやって
　　くれる人、誰かいないかなあ。
B 私でよければ。b 子供の扱いには自信あるんだ。

1 a クラス委員を引き受ける　　　b 何度かやったことがある
2 a 売り上げの計算をする　　　　b わりと几帳面だし、計算は得意だ
3 a 企画を一緒に考える　　　　　b アイデアが斬新だとよく言われる

④ **自分の長所をＰＲする(活動・特技) (インフォーマル)** MP3 **70**

A 大学時代は a サークル一色だったよね。
B うん。おかげで b 一生の仲間と出会えたと思う。

1 a バイトに明け暮れていた　　　b 接客がうまくなった
2 a いろいろな国に行った　　　　b 視野が広がった
3 a 研究に没頭していた　　　　　b 今の仕事につながった

委員 위원 ｜ **引き受ける** 맡다 ｜ **わりと** 비교적 ｜ **アイデア** 아이디어 ｜ **斬新だ** 참신하다 ｜ **時代** 시대, 시절 ｜ **明け暮れる** 세월이 흐르다, 열중하다 ｜ **視野** 시야 ｜ **研究** 연구 ｜ **没頭する** 몰두하다 ｜ **つながる** 이어지다

1 　貿易会社の面接で自己ＰＲをする

面接官　では、李さん。自己PRをお願いします。

李　はい。私はチャレンジ精神が旺盛でアイデアを形にすることが得意です。例えば、2年生の時には大学祭でビジネスアイデアのミニコンテストを開いたのですが、私が企画を立ち上げて、仲間と協力して大成功を収めました。

面接官　ほう、ビジネスアイデアコンテストですか。

李　はい。その経験をきっかけになにかを企画する仕事がしたいと考えるようになりました。

面接官　なるほど。では、弊社に入社した場合は企画部を希望されますか。

李　そうですね。できれば最初はいろいろな経験をして、そのあとで企画部で活躍できたら、と考えております。

面接官　わかりました。

面接官 면접관 ｜ **チャレンジ精神** 도전 정신 ｜ **形** 모양, 형태 ｜ **例えば** 예를 들면 ｜ **ビジネス** 비즈니스 ｜ **ミニコンテスト** 미니 콘테스트 ｜ **企画** 기획 ｜ **立ち上げる** 건립하다, 세우다 ｜ **収める** 거두다 ｜ **～をきっかけに** ～을 계기로 ｜ **弊社** 폐사 (자기 회사를 낮추어 부르는 말) ｜ **活躍** 활약

2 友人に自己ＰＲをする

愛 大学祭のことなんだけど、イベントの司会してくれる人誰かいないかな。
男女１人ずつ探してくれって、先輩に頼まれちゃった。

純 ふうん、愛、やればいいじゃん。

愛 私？私は無理に決まってるでしょ。教室ならまだしも、野外ステージな
んて。

純 誰もいないなら、俺、やろうか。

愛 えっ、ほんと？

純 うん、俺、全然緊張しないタイプだから。

愛 へえ。私なんて、大勢の人の前に出たら、頭が真っ白になっちゃうよ。

純 俺は逆に、人前で話すの好きだよ。目立ちたがり屋なんだよね。

愛 頼もしい。じゃあ、お願いね。

純 うん。任せて。

男女 남녀 │ **〜に決まっている** 반드시 〜이다, 〜일 것이 뻔하다 │ **〜ならまだしも** 〜면 몰라도, 〜라면 어쩔 수 없지만 │
野外 야외 │ **ステージ** 무대 │ **真っ白い** 새하얗다 │ **逆に** 반대로, 거꾸로 │ **人前** 남의 앞 │ **目立ちたがり屋** 눈에 띄고
싶어하는 사람 │ **頼もしい** 믿음직하다

1 Ａは大学に入学して一番興味のあるサークルに加入しました。

Ａ는 대학에 입학하여 가장 흥미 있는 동아리에 가입했습니다.

ロールカードＡ

지금 당신이 들어간 동아리의 신입생 환영회에서 한 사람씩 자기소개를 합니다. 동아리에 들어간 포부나 의욕 등을 자유롭게 어필하세요.

今、あなたが入ったサークルの新入生歓迎会で、1人ずつ自己紹介をしています。サークルに入っての抱負ややる気などを、自由にアピールしてください。

加入する 가입하다 | **新入生** 신입생 | **歓迎会** 환영회 | **抱負** 포부 | **アピール** 어필, 호소함

2 ＡとＢは会社員でＢはＡの上司です。Ａは海外勤務を希望しています。
A와 B는 회사원이고 B는 A의 상사입니다. A는 해외 근무를 희망하고 있습니다.

ロールカードＡ	ロールカードＢ
당신은 지금 상사 B 씨와 식사를 합니다. B 씨에게 당신이 해외 근무가 희망이라는 것을 이야기하고, 해외근무에 얼마나 적합한지를 어필하세요.	부하 A 씨의 이야기를 듣고 부하가 해외 근무에 어울리는 인물인지 아닌지 확인하기 위해 질문하세요.
あなたは今、上司のBさんと食事をしています。Bさんにあなたが海外勤務希望であることを話し、海外勤務にいかに向いているかをアピールしてください。	部下のAさんの話を聞いて、部下が海外勤務にふさわしい人物かどうか確かめるために、質問してください。

いかに 얼마나, 어떻게 | 向いている 적합하다, 맞다 | ふさわしい 어울리다 | 人物 인물 | 確かめる 확인하다

表現を広げよう

1 ～をきっかけに

- 今回(こんかい)の事故(じこ)をきっかけに、健康(けんこう)の大切(たいせつ)さを知(し)った。
- 子供(こども)が小学校(しょうがっこう)に入学(にゅうがく)したのをきっかけに、再(ふたた)び働(はたら)き始(はじ)めた。
- 病気(びょうき)をきっかけに＿＿＿＿＿＿＿＿＿＿＿＿＿＿＿＿＿。
- 자유 작문

2 ～に決(き)まっている

- 宝(たから)くじなんか、どうせ当(あ)たらないに決(き)まってる。
- 大好物(だいこうぶつ)なんだから食(た)べるに決(き)まっているでしょう。
- 彼(かれ)のことだから＿＿＿＿＿＿＿＿＿＿＿＿＿＿＿に決(き)まっているよ。
- 자유 작문

 단어
再(ふたた)び 재차, 다시 ┃ 働(はたら)き始(はじ)める 일하기 시작하다 ┃ 宝(たから)くじ 복권 ┃ どうせ 어차피 ┃ 志(こころざ)す 뜻을 두다 ┃ 記事(きじ) 기사 ┃ 大(だい)
好物(こうぶつ) 가장 좋아하는 음식

フリートーキング

🔔 私の自慢
わたし じまん

あなたには人に自慢できることがありますか。今回は、普段はなかなかできない
ひと じまん こんかい ふだん
「自慢話」に花を咲かせてみましょう。
じまんばなし はな さ

みんなのアンケート 📋 📁 🗒 🕐

みんなの自慢いろいろ
じまん

- 今まで虫歯になったことがないので、歯医者に行ったことがありません。
いま むしば は いしゃ い
- ２泊３日の温泉旅行に当たったことがあります。
はく みっか おんせんりょこう あ
- お腹がすいている時は、お茶碗10杯は軽く食べられます。
なか とき ちゃわん ばい かる た
- 小学生の時、クラスの半分が自分のことが好きだった。
しょうがくせい とき はんぶん じぶん す

▶ あなたの自慢話を教えてください。話し合ったら、クラスで発表しましょう。
じまんばなし おし はな あ はっぴょう

- 有名人を見た！
ゆうめいじん み
- こんなことができる！
- 私の住んでいる町はすごい！
わたし す まち
- こんな経験をした！
けいけん

自慢話 자랑하는 이야기 | **花を咲かせる** 꽃피우다 | **お茶碗** 밥그릇 | **有名人** 유명인
じまんばなし はな さ ちゃわん ゆうめいじん

単語チェック

알고 있는 단어들을 네모 안에 체크해 봅시다.

●● 1류동사

- ☐ こころざす (志す)
- ☐ つちかう (培う)

●● 2류동사

- ☐ あけくれる (明け暮れる)
- ☐ うちとける (打ち解ける)
- ☐ おさめる (収める)
- ☐ たちあげる (立ち上げる)
- ☐ ひきうける (引き受ける)
- ☐ ふっきれる (吹っ切れる)

●● 3류동사

- ☐ ついきゅうする (追求する)
- ☐ ぼっとうする (没頭する)

●● い형용사

- ☐ きむずかしい (気難しい)
- ☐ たのもしい (頼もしい)
- ☐ ねばりづよい (粘り強い)
- ☐ ふさわしい

●● な형용사

- ☐ きさくだ (気さくだ)
- ☐ ざんしんだ (斬新だ)
- ☐ じゅうなんだ (柔軟だ)

●● 부사

- ☐ いかに
- ☐ いっけん (一見)
- ☐ じっくり

- ☐ どうせ
- ☐ とことん
- ☐ ふたたび (再び)
- ☐ わりと

●● 감정

- ☐ こうきしん (好奇心)
- ☐ じまん (自慢)
- ☐ なやみ (悩み)

●● 기타

- ☐ がくせいかい (学生会)
- ☐ かんげいかい (歓迎会)
- ☐ けんきゅう (研究)
- ☐ しょたいめん (初対面)
- ☐ しんにゅうせい (新入生)
- ☐ じんぶつ (人物)
- ☐ だんじょ (男女)
- ☐ ちょうしょ (長所)
- ☐ ひとまえ (人前)
- ☐ ふくししせつ (福祉施設)
- ☐ ものごと (物事)

●● 숙어표현

- ☐ はなをさかせる (花を咲かせる)
- ☐ みみをかたむける (耳を傾ける)
- ☐ めんどうみがいい (面倒見がいい)

09

<ruby>回<rt>かい</rt>想<rt>そう</rt></ruby>する

이 과에서는 과거의 일이나 추억을 회상하여
상대방에게 전할 때 필요한 어휘와 표현에 대해 학습합니다.

1 最近、嬉しかったことや頭に来たことがありますか。

2 子供のころ好きだった遊びは何ですか。

☑ 동료에게 옛날 이야기를 하고 있습니다. 빈칸에 들어갈 알맞은 표현을 모두 골라 봅시다.

子供のころはよく父と虫捕りに行きましたよ。

① ああ、僕もカブトムシが大好きだったなあ。

② 僕は、近くの川で毎日遊んでましたね。

③ 確かに、虫は嫌ですよね。

 단어

頭に来る 화가 나다 | **虫捕り** 곤충채집, 벌레잡기 | **カブトムシ** 장수풍뎅이

表現

💡 これだけは！

♪ MP3 **74**

1 切(き)り出(だ)し

- あのう、ゆうべのことなんですけどね。
- 実(じつ)は、びっくりすることがあったんですよ。
- そういえば、先週(せんしゅう)の懇親会(こんしんかい)の時(とき)にね。
- ねえねえ、聞(き)いて。

2 接続詞(せつぞくし)を効果的(こうかてき)に使(つか)う

- それで、約束(やくそく)の時間(じかん)に間(ま)に合(あ)わなかったんですよ。
- それで、大学(だいがく)の後輩(こうはい)に聞(き)いてみることにしました。
- そしたら、ちょうど雨(あめ)が降(ふ)ってきたから、近(ちか)くの店先(みせさき)で雨宿(あまやど)りしたんだ。
- でも、なかなかバスが来(こ)なくて、結局(けっきょく)タクシー拾(ひろ)って帰(かえ)ったよ。

💡 もっと話(はな)せる！

♪ MP3 **75**

気持(きも)ちを表現(ひょうげん)する

- 涙(なみだ)が出(で)るほどうれしかった。　・あきれて言葉(ことば)が出(で)ない。
- 胸(むね)がいっぱいになった。　　　・絶望的(ぜつぼうてき)な気持(きも)ちになった。
- テストが無事(ぶじ)終(お)わってほっとした。
- 近(ちか)くで事件(じけん)が起(お)きたと聞(き)いてぞっとした。
- 子供(こども)が熱(あつ)い鍋(なべ)に触(さわ)りそうになってひやっとした。

単어

切(き)り出(だ)し (말을) 꺼냄 | **懇親会(こんしんかい)** 친목회 | **接続詞(せつぞくし)** 접속사 | **効果的(こうかてき)に** 효과적으로 | **店先(みせさき)** 가게 앞 | **雨宿(あまやど)り** 비를 피함 | **あきれる** 어이없다, 기가 막히다 | **胸(むね)がいっぱいになる** 가슴이 벅차오르다 | **絶望的(ぜつぼうてき)だ** 절망적이다 | **ほっとする** 마음이 놓이다, 안도하다 | **ぞっとする** 소름이 끼치다, 섬뜩하다 | **鍋(なべ)** 냄비 | **触(さわ)る** 만지다, 손대다 | **ひやっとする** 섬뜩하다

① <ruby>回想<rt>かいそう</rt></ruby>する (フォーマル)　　

A a <ruby>私<rt>わたし</rt></ruby>が<ruby>高校生<rt>こうこうせい</rt></ruby>の<ruby>頃<rt>ころ</rt></ruby>の<ruby>話<rt>はなし</rt></ruby>なんですが、b <u><ruby>試合<rt>しあい</rt></ruby>の</u>
<u><ruby>前<rt>まえ</rt></ruby>の<ruby>日<rt>ひ</rt></ruby>に<ruby>足<rt>あし</rt></ruby>をくじいてしまった</u>んです。

B ええ。

A c <u>それで、<ruby>結局<rt>けっきょく</rt></ruby><ruby>試合<rt>しあい</rt></ruby>に<ruby>出<rt>で</rt></ruby>られなかった</u>んです。
すごく d <u><ruby>悔<rt>くや</rt></ruby>しかった</u>です。

1 a <ruby>私<rt>わたし</rt></ruby>の<ruby>子供<rt>こども</rt></ruby>の<ruby>頃<rt>ころ</rt></ruby>

　b ある<ruby>日<rt>ひ</rt></ruby><ruby>公園<rt>こうえん</rt></ruby>で<ruby>知<rt>し</rt></ruby>らないおばあさんがお<ruby>菓子<rt>かし</rt></ruby>をくれた

　c でも、そのあと<ruby>振<rt>ふ</rt></ruby>り<ruby>返<rt>かえ</rt></ruby>ったらそのおばあさんはどこにもいませんでした

　d <ruby>不思議<rt>ふしぎ</rt></ruby>だ

2 a <ruby>1年前<rt>ねんまえ</rt></ruby>の<ruby>夏<rt>なつ</rt></ruby>

　b <ruby>母<rt>はは</rt></ruby>が<ruby>台所<rt>だいどころ</rt></ruby>にいる<ruby>時<rt>とき</rt></ruby>、テレビから<ruby>電話<rt>でんわ</rt></ruby>の<ruby>音<rt>おと</rt></ruby>が<ruby>流<rt>なが</rt></ruby>れた

　c そしたら、<ruby>母<rt>はは</rt></ruby>が<ruby>本当<rt>ほんとう</rt></ruby>の<ruby>電話<rt>でんわ</rt></ruby>だと<ruby>勘違<rt>かんちが</rt></ruby>いして<ruby>出<rt>で</rt></ruby>ようとしたんです

　d おかしい

3 a <ruby>小学<rt>しょうがく</rt></ruby><ruby>1年生<rt>ねんせい</rt></ruby>の<ruby>時<rt>とき</rt></ruby>

　b <ruby>間違<rt>まちが</rt></ruby>って、<ruby>幼稚園<rt>ようちえん</rt></ruby>の<ruby>体育着<rt>たいいくぎ</rt></ruby>を<ruby>持<rt>も</rt></ruby>って<ruby>学校<rt>がっこう</rt></ruby>に<ruby>行<rt>い</rt></ruby>ってしまった

　c それで、<ruby>私<rt>わたし</rt></ruby>だけみんなと<ruby>違<rt>ちが</rt></ruby>う<ruby>色<rt>いろ</rt></ruby>の<ruby>体育着<rt>たいいくぎ</rt></ruby>を<ruby>着<rt>き</rt></ruby>て<ruby>授業<rt>じゅぎょう</rt></ruby>を<ruby>受<rt>う</rt></ruby>けました

　d <ruby>恥<rt>は</rt></ruby>ずかしい

4 a <ruby>中学<rt>ちゅうがく</rt></ruby>の<ruby>卒業式<rt>そつぎょうしき</rt></ruby>の<ruby>時<rt>とき</rt></ruby>

　b ある<ruby>後輩<rt>こうはい</rt></ruby>が<ruby>私<rt>わたし</rt></ruby>の<ruby>大<rt>だい</rt></ruby><ruby>好<rt>す</rt></ruby>きな<ruby>歌手<rt>かしゅ</rt></ruby>のサイン<ruby>入<rt>い</rt></ruby>りTシャツをくれた

　c そして、「いつまでもずっと<ruby>素敵<rt>すてき</rt></ruby>な<ruby>先輩<rt>せんぱい</rt></ruby>でいてください」って<ruby>言<rt>い</rt></ruby>われました

　d <ruby>嬉<rt>うれ</rt></ruby>しい

 <ruby>回想<rt>かいそう</rt></ruby>する 회상하다 ｜ **<ruby>足<rt>あし</rt></ruby>をくじく** 다리를 삐다, 접질리다 ｜ **<ruby>悔<rt>くや</rt></ruby>しい** 분하다 ｜ **<ruby>振<rt>ふ</rt></ruby>り<ruby>返<rt>かえ</rt></ruby>る** 뒤돌아보다 ｜ **<ruby>不思議<rt>ふしぎ</rt></ruby>だ** 이상하
다 ｜ **<ruby>流<rt>なが</rt></ruby>れる** 흘러나오다 ｜ **<ruby>体育着<rt>たいいくぎ</rt></ruby>** 체육복 ｜ **<ruby>卒業式<rt>そつぎょうしき</rt></ruby>** 졸업식

② 回想する (インフォーマル)

A 子供の時の話なんだけど、a家族で旅行に
行った時に、事故にあってね。

B えー、ほんとに。

A それで、b旅行先で1ヶ月も入院したんだよね。

B cせっかくの旅行なのに大変だったね。

1 a炊飯器のご飯1人で全部食べちゃったんだ

　 b母親にすごく叱られた

　 c今のAさんからは想像つかないね

2 a自転車で3人乗りしたことがあるんだ

　 b自転車ごと田んぼに落っこちた

　 c下が田んぼでよかったね

3 aうちの父、仕事でほとんど家に帰ってこなくて

　 b帰って来る時は、両手いっぱいのお土産を買ってきた

　 cいいお父さんだね

4 aプールで溺れそうになってね

　 b必死に知らない人につかまって助かった

　 cプールは楽しいけど、怖いね

 単어

炊飯器 밥솥 ｜ 想像がつく 상상이 되다 ｜ ～ごと ～째 ｜ 田んぼ 논 ｜ 落っこちる 떨어지다 ｜ ほとんど 거의 ｜ 両手
양손 ｜ 溺れる 빠지다 ｜ 必死に 필사적으로 ｜ つかまる 꽉 잡다, 붙잡다

ダイアローグ

1 子供の頃の出来事を同僚に話す

舞　これは、私の子供の頃の話なんですが。

金　ええ。

舞　ニュースでよく汚職事件の話が出ますよね。私、あれをずっと「お食事券」、つまり「お食事」の「券」だと思っていたんですよ。

金　ああ。

舞　子供心に、どんな食事なのか気になってしょうがなかったんです。
　　それで、テレビでその言葉を聞く度に、母に尋ねてました。

金　お母さんは何て？

舞　それが、母は私の勘違いを訂正してくれなかったんですよ。
　　いつも「さあねえ」って言うだけ。
　　あとで聞いたら、質問の意味が分から
　　なかったって言ってました。

金　何を勘違いしているのか、お母さんに
　　は分からなかったんですね。

舞　そのようです。私、ずいぶん後になっ
　　てから気がつきました。

金　かわいい勘違いですね。

舞　私にとっては恥ずかしい思い出ですけどね。

단어　汚職事件 부정사건 ｜ お食事券 식사권 ｜ つまり 요컨대 ｜ 子供心 어린이의 마음 ｜ 気になる 궁금하다 ｜ ～てしょうがない ～해서 참을 수 없다 ｜ 尋ねる 묻다, 여쭙다 ｜ 訂正する 정정하다

2 数日前の出来事を友人に話す

<small>すうじつまえ</small> <small>で き ごと ゆうじん はな</small>

李 この間映画見たじゃない。

愛 うん。

李 あ、やっぱり言わない方がいいかな。愛ちゃん怖がりだし。

愛 なに？言いかけてやめたら気になるよ。

李 あのね、あの時ポップコーン食べたでしょ。その入れ物を足元に置いて
おいたの。邪魔だったから。

愛 うん。

李 それで、映画が終わって足元を見たらね…。

なかったの。その入れ物が。

愛 えーっ。ほんとに？どういうこと？？

李 怖いでしょ。見てた映画がホラーだったから、

よけいにぞっとしちゃって。

愛 怖いね。しばらくは映画館に行けなさそう

だよ。

数日前 며칠 전 │ **この間** 요전, 얼마 전 │ **怖がり** 무서움을 타는 사람 │ **〜かける** 〜하다 말다 │ **ポップコーン** 팝콘 │
入れ物 용기, 통 │ **足元** 발밑 │ **邪魔** 방해, 장애 │ **ホラー** 호러 │ **しばらく** 당분간

1 Aは親しい友人Bとカフェで話をしています。
A는 친한 친구 B와 카페에서 이야기하고 있습니다.

ロールカードA

어린 시절 즐거웠던 추억을 하나 들어, B 씨에게 이야기하세요.

子供の頃の楽しかった思い出をひとつ挙げて、Bさんに話してください。

ロールカードB

맞장구를 치면서 A 씨의 이야기를 들어주세요.

あいづちを入れながら、Aさんの話を聞いてください。

挙げる (예를) 들다 ｜ あいづち 맞장구

2

Aは１年前に会社をやめて、他の会社で働いています。今日久しぶりに以前の会社の先輩Bと食事をしています。

A는 1년 전에 회사를 그만두고, 다른 회사에서 일하고 있습니다. 오늘 오랜만에 이전에 근무한 회사의 선배 B와 식사를 하고 있습니다.

ロールカードＡ	ロールカードＢ
이전에 근무한 회사를 그만둔 이유에 대해서 1년 전 상황을 생각하면서 선배 B 씨에게 이야기하세요.	맞장구를 치면서 A 씨의 이야기를 들어주세요.
前の会社を辞めた理由について、１年前の状況を思い出しながら、先輩のBさんに話してください。	あいづちを入れながら、Aさんの話を聞いてください。

思い出す 생각해 내다, 상기하다

1 ～てしょうがない

・今日は気温が４０度を超え、暑くてしょうがない。

・友達の手前、強がってみたが、本当は怖くてしょうがない。

・＿＿＿＿＿＿＿＿＿＿＿＿＿＿＿＿＿＿＿ので、うれしくてしょうがない。

・자유 작문

```



```

2 ～かける

・書きかけのレポートを今日中に仕上げるつもりだ。

・私は本当のことを言いかけてやめた。

・テーブルの上に＿＿＿＿＿＿＿かけの＿＿＿＿＿＿＿が置いてある。

・자유 작문

```



```

단어

気温 기온 ｜ **友達の手前** 친구 앞이어서 ｜ **強がる** 강한 체하다

🔔 健康

あなたは健康に気を使っていますか。健康のためにどんなことをしていますか。
今回は健康について、周りの人と話し合ってみましょう。

> ### みんなのアンケート ☑ 📁 📄 🕐
>
> 健康のために行っていることは何ですか。
>
> 1 体にいい物を食べる
>
> 2 運動をする
>
> 3 十分な睡眠をとる
>
> 4 なるべく外食をしない
>
> 5 お酒、たばこを控える
>
> 6 エレベーターではなく、階段を使う

▶ あなたは健康のために何かしていますか。

▶ 健康に悪いと思いながらついしてしまうことは何ですか。

단어 **気を使う** 신경을 쓰다 | **十分だ** 충분하다 | **睡眠をとる** 잠을 자다 | **なるべく** 될 수 있는 한 | **外食** 외식 | **控える**
삼가다

単語チェック

알고 있는 단어들을 네모 안에 체크해 봅시다.

●● **1류동사**

- □ さわる(触る)
- □ つかまる
- □ つよがる(強がる)

●● **2류동사**

- □ あきれる
- □ あげる(挙げる)
- □ おっこちる(落っこちる)
- □ おぼれる(溺れる)
- □ たずねる(尋ねる)
- □ ながれる(流れる)
- □ ひかえる(控える)

●● **3류동사**

- □ かいそうする(回想する)
- □ ていせいする(訂正する)

●● **い형용사**

- □ くやしい(悔しい)

●● **な형용사**

- □ じゅうぶんだ(十分だ)
- □ ぜつぼうてきだ(絶望的だ)
- □ ふしぎだ(不思議だ)
- □ まっくらだ(真っ暗だ)

●● **부사**

- □ しばらく
- □ つまり
- □ なるべく
- □ ひっしに(必死に)
- □ ほとんど

●● **기타**

- □ あいづち
- □ あしもと(足元)
- □ あまやどり(雨宿り)
- □ いれもの(入れ物)
- □ かいしょうほう(解消法)
- □ がいしょく(外食)
- □ きおん(気温)
- □ きりだし(切り出し)
- □ こどもごころ(子供心)
- □ こわがり(怖がり)
- □ こんしんかい(懇親会)
- □ むしとり(虫捕り)
- □ じゃま(邪魔)
- □ そつぎょうしき(卒業式)
- □ たいいくぎ(体育着)
- □ みせさき(店先)
- □ りょうて(両手)

●● **숙어표현**

- □ あしをくじく(足をくじく)
- □ あたまにくる(頭に来る)
- □ きになる(気になる)
- □ きをつかう(気を使う)
- □ そうぞうがつく(想像がつく)

10

<ruby>物<rt>もの</rt>語<rt>がた</rt></ruby>る

이 과에서는 드라마와 영화, 책 등의 스토리를
상대방에게 전할 때 필요한 어휘와 표현에 대해 학습합니다.

1　どんなジャンルの映画(ドラマ)が好きですか。

2　好きな俳優はいますか。どんなところが好きですか。

✔　친구에게 영화의 특징에 대해서 이야기하고 있습니다. 빈칸에 들어갈 알맞은 표현을 모두 골라 봅시다.

あの映画、どうだった？

①　スーパーマンでしょ？面白そうだよね。

②　山崎監督の久々の新作だけあって、よかったよ。

③　犬が出てくるんだけど、すごくかわいくて癒された。

ジャンル 장르 ｜ 俳優 배우 ｜ 久々 오랜만 ｜ 新作 신작 ｜ 〜だけあって 〜인 만큼 ｜ 癒す 치유하다

表現

これだけは！

♪ MP3 **81**

1 特徴（とくちょう）を述（の）べる

> **フォーマル** ・この映画（えいが）は、コメディなんですけど、始（はじ）まった瞬間（しゅんかん）から目（め）が離（はな）せないんです。

> **インフォーマル** ・逆境（ぎゃっきょう）に負（ま）けずに強（つよ）く生（い）きる人々（ひとびと）の姿（すがた）がすごくよかったよ。

2 ストーリーを簡単（かんたん）に述（の）べる

> **フォーマル** ・ホテルで間違（まちが）って持（も）って行（い）かれたスーツケースを取（と）り返（かえ）しに行（い）く物語（ものがたり）です。

> **インフォーマル** ・アメリカに移民（いみん）として渡（わた）った日本人夫婦（にほんじんふうふ）の話（はなし）だよ。

もっと話せる！

♪ MP3 **82**

1 特徴（とくちょう）を述（の）べる

・どんな番組（ばんぐみ）かというと、芸能界（げいのうかい）の裏話（うらばなし）を題材（だいざい）にした内容（ないよう）なんですよ。

・見（み）どころは、やっぱり主演俳優（しゅえんはいゆう）の熱演（ねつえん）かな。

2 ストーリーを簡単（かんたん）に述（の）べる

・主人公（しゅじんこう）は、10歳（さい）ぐらいの女（おんな）の子（こ）で、両親（りょうしん）と一緒（いっしょ）に引（ひ）っ越（こ）し先（さき）の家（いえ）へ向（む）かう途中（とちゅう）で不思議（ふし ぎ）な町（まち）へ迷（まよ）い込（こ）んでしまう話（はなし）です。

・北海道（ほっかいどう）を舞台（ぶたい）にした小説（しょうせつ）なんだけど、大自然（だいしぜん）の中（なか）で繰（く）り広（ひろ）げられる動物（どうぶつ）と人間（にんげん）との愛情（あいじょう）を描（えが）いた作品（さくひん）だよ。

特徴（とくちょう）특징｜述（の）べる 말하다｜目（め）が離（はな）せない 눈을 뗄 수 없다｜逆境（ぎゃっきょう）역경｜姿（すがた）모습｜取（と）り返（かえ）す 되찾다｜物語（ものがたり）이야기｜移民（いみん）이민｜芸能界（げいのうかい）연예계｜裏話（うらばなし）비화｜題材（だいざい）제재｜見（み）どころ 볼 만한 곳｜やはり 역시｜熱演（ねつえん）열연｜はらはらする 아슬아슬하다｜展開（てんかい）전개｜結末（けつまつ）결말｜迷（まよ）い込（こ）む 헤매다｜依頼（いらい）의뢰｜様々（さまざま）だ 다양하다｜なぞ 수수께끼｜解（と）き明（あ）かす 해명하다｜舞台（ぶたい）무대｜大自然（だいしぜん）대자연｜繰（く）り広（ひろ）げる 전개하다｜愛情（あいじょう）애정｜描（えが）く 그리다

① ストーリーを述べる (フォーマル) MP3 **83**

A この映画は、ₐコメディなんですけど、始まった瞬間から目が離せないんです。

B どんなストーリーなんですか。

A ᵦホテルで間違って持って行かれたスーツケースを取り返しに行く物語です。

B 最後は꜀ちゃんと探し出せるんですか。

A ええ、ハッピーエンドで終わります。

---

1 ₐファンタジー

ᵦ都会から田舎に引っ越してきた姉妹が、森に住む不思議な生き物に出会う

꜀その生き物と仲良くなれる

2 ₐ恋愛映画

ᵦ女子高生と男子高生が入れ替わってしまう

꜀もとに戻れる

3 ₐホラー

ᵦ呪いをかけられてしまった主人公が、呪いを解く方法を探しに行く

꜀ちゃんと呪いが解ける

4 ₐフィクション

ᵦ捨て犬の里親を見つけるために、保健所の職員の一人が奔走する

꜀うまく引き取ってもらえる

 단어 探し出す 찾아내다 | 都会 도시 | 姉妹 자매 | 森 숲 | 生き物 생물 | 呪い 저주 | 解く 풀다 | 解ける 풀리다 | 捨て犬 유기견 | 里親 수양부모, 양부모 | 保健所 보건소 | 奔走する 분주하게 뛰어다니다 | 引き取る 떠맡다, 돌보다

② **ストーリーを述べる (インフォーマル)**

A　そのドラマ、どんなドラマなの？
B　a アメリカに移民として渡った日本人夫婦の話だよ。
A　へえ、面白そう。
B　うん。b 逆境に負けずに強く生きる人々の姿が

すごくよかったよ。

1　a 幕末の時代を描いた時代劇

　　b 命をかけて戦うシーン

2　a ばらばらになった家族の絆を取り戻すホームドラマ

　　b 特に子役の子の泣かせる演技

3　a 過去にタイムスリップした主人公が人々を助ける話

　　b 人々を救おうと必死に頑張る姿

4　a 型破りな刑事が難事件を次々解決する刑事もの

　　b テンポのいい展開

幕末 막부 말기 ┃ 時代劇 시대극 ┃ 命 목숨 ┃ 戦う 싸우다 ┃ ばらばらだ 흩어져 있다 ┃ 絆 인연, 유대 ┃ 取り戻す 되

찾다 ┃ 子役 아역 ┃ 泣かせる 감동케 하다, 눈물 나게 하다 ┃ 演技 연기 ┃ 型破りだ 색다르다 ┃ 刑事 형사 ┃ 難事件

어려운 사건 ┃ 次々 차례차례 ┃ テンポ 템포 ┃ 展開 전개

1 映画のストーリーを同僚に話す

舞 金さん、「ブラック」ってどんなドラマですか。すごい人気ですよね。

　　私、見たことなくて。

金 面白いですよ。コメディーなんですけど、泥棒の話です。

舞 泥棒？

金 はい。詐欺師、って言った方がいいかな。

舞 詐欺師を捕まえる話ですか。

金 いいえ。詐欺師の三人組が悪い人を騙して、大金を得るんですけど。

舞 ああ。ターゲットが悪い人なんですね。

金 はい。三人のキャラクターが面白いし、騙しているつもりが騙されてい

　　たりして、目が離せないです。

舞 面白そうですね。今度見てみます。

金 ええ、登場人物が詐欺師だらけで、騙したり騙さ
　　れたりを繰り返すんですけど、最後には主人公が
　　大金を得るので、気分がスカッとしますよ。ぜひ
　　見てください。

同僚 동료 ｜ 泥棒 도둑 ｜ 詐欺師 사기꾼 ｜ 捕まえる 잡다, 체포하다 ｜ 三人組 3인조 ｜ 騙す 속이다 ｜ 大金 큰돈 ｜
得る 얻다 ｜ ターゲット 타깃 ｜ キャラクター 캐릭터 ｜ 登場人物 등장인물 ｜ ～だらけ ～투성이 ｜ 繰り返す 반복
하다, 되풀이하다 ｜ スカッとする 속이 후련하다

2 ドラマのストーリーを友人に話す

李　日本で一番有名な昔話って何？

純　昔話？うーん。桃太郎じゃないかなあ。

李　桃太郎？どんな話？

純　おばあさんが川で洗濯をしていると、大きな桃が流れてきて、割ったら男の子が出てくるんだ。

李　桃の中から、男の子が？

純　うん。で、おじいさんとおばあさんが桃太郎って名前をつけて、育てるんだけど。

李　ああ。桃から出てきたから桃太郎なんだね。

純　そう。それで、大きくなった桃太郎が鬼を退治に行くっていう話。

李　鬼は退治できたの？

純　うん。犬とか、猿とかの動物と一緒に戦って、鬼をやっつけるんだよ。日本人なら誰でも知っている話だよ。

李　ふうん。それなら、読まないわけにはいかないな。今度読んでみるよ。

昔話 옛날이야기 ｜ **桃太郎** 모모타로 ｜ **桃** 복숭아 ｜ **割る** 깨다, 쪼개다 ｜ **名前をつける** 이름을 짓다, 이름을 붙이다 ｜ **育てる** 기르다, 키우다 ｜ **鬼** 도깨비, 괴물 ｜ **退治** 퇴치 ｜ **猿** 원숭이 ｜ **やっつける** 해치우다 ｜ **〜わけにはいかない** 〜(할) 수는 없다

1 AとBは<ruby>同級生<rt>どうきゅうせい</rt></ruby>です。<ruby>最近<rt>さいきん</rt></ruby><ruby>面白<rt>おもしろ</rt></ruby>かったドラマについて<ruby>話<rt>はなし</rt></ruby>をしています。

A와 B는 동급생입니다. 최근 재미있었던 드라마에 대해서 이야기하고 있습니다.

ロールカードA	ロールカードB
최근 본 드라마를 하나 들어 그 이야기를 B 씨에게 설명하세요.	드라마 내용에 대해서 질문하면서 A 씨의 이야기를 들어주세요.
<ruby>最近<rt>さいきん</rt></ruby><ruby>見<rt>み</rt></ruby>たドラマをひとつ<ruby>挙<rt>あ</rt></ruby>げて、そのストーリーをBさんに<ruby>説明<rt>せつめい</rt></ruby>してください。	ドラマの<ruby>内容<rt>ないよう</rt></ruby>について<ruby>質問<rt>しつもん</rt></ruby>しながら、Aさんの<ruby>話<rt>はなし</rt></ruby>を<ruby>聞<rt>き</rt></ruby>いてください。

2 Aは学生、Bは先生です。Aは最近感動したことについて話をしています。
A는 학생, B는 선생님입니다. A는 최근 감동한 것에 대해서 이야기하고 있습니다.

ロールカードA	ロールカードB
당신은 학생입니다. 당신이 감동한 이야기, 책, 만화 등에 대해서 왜 감동했는지를 알 수 있도록 선생님에게 소개하세요.	당신은 선생님입니다. 내용에 대해서 질문하면서 A 씨의 이야기를 들어주세요.
あなたは学生です。あなたが感動した話、本、漫画などについて、どうして感動したかが分かるように先生に紹介してください。	あなたは先生です。内容について質問しながら、Aさんの話を聞いてください。

 単語

感動する 감동하다

♪ MP3 **87**

1 名詞（めいし） + だらけ

- 子供（こども）たちは泥（どろ）だらけになりながら遊（あそ）んだ。

- その本（ほん）に載（の）っている健康法（けんこうほう）は間違（まちが）いだらけだ。

- 私（わたし）が住（す）んでいる街（まち）は＿＿＿＿＿＿＿＿＿＿＿＿＿＿だらけだ。

- 자유 작문

2 〜わけにはいかない

- 疲（つか）れていたが、一人（ひとり）で帰（かえ）るわけにはいかないので、最後（さいご）まで参加（さんか）した。

- 高校生活最後（こうこうせいかつさいご）の試合（しあい）なので、負（ま）けるわけにはいかない。

- 今日（きょう）は＿＿＿＿＿＿＿＿＿＿ですから、休（やす）むわけにはいきません。

- 자유 작문

단어

泥（どろ） 진흙 ｜ 載（の）る 실리다 ｜ 間違（まちが）い 실수, 잘못된 것, 오류

 **フリートーキング**

🔔 昔話
<small>むかしばなし</small>

あなたの国<small>くに</small>でよく知<small>し</small>られている昔話<small>むかしばなし</small>は何<small>なん</small>ですか。その中<small>なか</small>であなたが好<small>す</small>きな話<small>はなし</small>はどんな話<small>はなし</small>ですか。

今回<small>こんかい</small>は、あなたの国<small>くに</small>の昔話<small>むかしばなし</small>について話<small>はな</small>してみましょう。

みんなのアンケート ☑ 📁 🗐 🕐

あなたの好<small>す</small>きな世界<small>せかい</small>の名作童話<small>めいさくどうわ</small>は何<small>なん</small>ですか。

1 シンデレラ

2 白雪姫<small>しらゆきひめ</small>

3 ピノキオ

4 ピータパン

5 人魚姫<small>にんぎょひめ</small>

▶ あなたの国<small>くに</small>で有名<small>ゆうめい</small>な昔話<small>むかしばなし</small>を紹介<small>しょうかい</small>してください。

▶ あなたの国<small>くに</small>の昔話<small>むかしばなし</small>には、よく見<small>み</small>られる特徴<small>とくちょう</small>がありますか。

 단어 名作童話<small>めいさくどうわ</small> 명작 동화 | シンデレラ 신데렐라 | 白雪姫<small>しらゆきひめ</small> 백설공주 | ピノキオ 피노키오 | ピータパン 피터팬 | 人魚姫<small>にんぎょひめ</small> 인어공주

単語チェック

알고 있는 단어들을 네모 안에 체크해 봅시다.

●● 1류동사

- □ いやす(癒す)
- □ えがく(描く)
- □ くりかえす(繰り返す)
- □ たたかう(戦う)
- □ だます(騙す)
- □ とく(解く)
- □ ときあかす(解き明かす)
- □ とりかえす(取り返す)
- □ とりもどす(取り戻す)
- □ のる(載る)
- □ ひきとる(引き取る)
- □ まよいこむ(迷い込む)
- □ わる(割る)

●● 2류동사

- □ おとずれる(訪れる)
- □ くりひろげる(繰り広げる)
- □ つかまえる(捕まえる)
- □ とける(解ける)
- □ のべる(述べる)
- □ やっつける

●● 3류동사

- □ ほんそうする(奔走する)

●● な형용사

- □ かたやぶりだ(型破りだ)
- □ さまざまだ(様々だ)
- □ ばらばらだ

●● 부사

- □ つぎつぎ(次々)
- □ ひさびさ(久々)

●● 예능

- □ えんぎ(演技)
- □ げいのうかい(芸能界)
- □ こやく(子役)
- □ じだいげき(時代劇)
- □ しんさく(新作)
- □ とうじょうじんぶつ(登場人物)
- □ ねつえん(熱演)
- □ はいゆう(俳優)
- □ ぶたい(舞台)

●● 기타

- □ いきもの(生き物)
- □ いのち(命)
- □ いらい(依頼)
- □ さぎし(詐欺師)
- □ しまい(姉妹)
- □ すがた(姿)
- □ とくちょう(特徴)
- □ どろぼう(泥棒)
- □ まちがい(間違い)
- □ みどころ(見どころ)

●● 숙어표현

- □ めがはなせない(目が離せない)

11

せつ めい
説明する

이 과에서는 장소 혹은 물건에 대해 자세하게 묘사를 하거나
방법 등을 설명할 때 필요한 어휘와 표현에 대해 학습합니다.

1 学校から一番近い駅までの行き方を説明してください。

2 あなたがラーメンを作る時のこだわりについて話してください。

☑ 요리 만드는 법에 대해서 발표하고 있습니다. 빈칸에 들어갈 알맞은 표현을 모두 골라 봅시다.

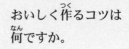

おいしく作るコツは
何ですか。

① キムチチゲが一番おいしいですよ。

② 水の量を正確に計って入れることですね。

③ 隠し味に砂糖を少し入れるといいですよ。

こだわり 구애됨 | 計る 재다, 측정하다 | 隠し味 조미료

表現

💡 これだけは！

♪ MP3 **88**

1 説明を求める

> **フォーマル** ・へえ、どんな店ですか。

> **インフォーマル** ・先生にこの棚の整理を頼まれたんだけど、どうすればいいかな。

2 要約して説明する

・スイーツがどれも本当にかわいいんです。

3 順を追って説明する

・まず、棚のものを全部出して、拭きます。

・それから、本とファイルに分けて戻します。

💡 もっと話せる！

♪ MP3 **89**

1 前置きを述べる

・私は、誰にでも簡単にできるハンバーグの作り方を説明したいと思います。

・今日は、私が持っているちょっと変わった腕時計を紹介します。

2 比較して説明する

・他の店と違い、自家製の調味料を使っているところが魅力ですよ。

・一般の作り方と比べると、この方法は時間がかからないので忙しい人に最適です。

3 うまくいくコツ・注意点

・チャーハンは、フライパンに押し付けるように炒めるのがコツです。

・この体操は、柔らかいソファーなどに座って行うと、うまくできます。

棚 선반 ┃ **整理** 정리 ┃ **要約する** 요약하다 ┃ **スイーツ** 단것, 과자 ┃ **順を追う** 순서를 따르다 ┃ **拭く** 닦다 ┃ **分ける** 나누다, 분류하다 ┃ **戻す** (제자리로) 되돌리다 ┃ **前置き** 서론, 서두 ┃ **変わった** 특이한 ┃ **腕時計** 손목시계 ┃ **比較する** 비교하다 ┃ **一般** 일반 ┃ **比べる** 비교하다 ┃ **最適だ** 최적이다 ┃ **コツ** 요령 ┃ **注意点** 주의점 ┃ **チャーハン** 볶음밥 ┃ **フライパン** 프라이팬 ┃ **押し付ける** 누르다 ┃ **炒める** 기름에 볶다 ┃ **体操** 체조 ┃ **行う** 실시하다, 행하다

いれかえ練習

① **説明する (フォーマル)**　🎵 MP3 **90**

A a 新宿駅の近くでおすすめのカフェ、知りませんか。

B b SNSでも話題のスイーツカフェがありますよ。

A へえ、どんな店ですか。

B c スイーツがどれも本当にかわいいんです。
　何度も行きたくなりますよ。

1 a 新大久保でおいしい韓国料理の店
　b 行列のできる人気のビュッフェ
　c 野菜中心で、素材の味を生かした味付けだ

2 a 原宿でおしゃれなレストラン
　b 有名なシェフがいるイタリアン
　c ボリュームがあってコスパが最高だ

3 a 渋谷で安く飲める店
　b 立ち飲みの居酒屋
　c 飲み物とおつまみが全部300円だ

4 a 銀座で雰囲気のいいバー
　b 有名なカクテルバー
　c カクテルが50種類もあって、どれもおいしい

話題 화제 ｜ **行列** 행렬, 줄 ｜ **ビュッフェ** 뷔페 ｜ **素材** 소재 ｜ **生かす** 살리다 ｜ **味付け** 맛을 냄 ｜ **おしゃれ** 세련됨 ｜ **シェフ** 셰프, 요리사 ｜ **コスパ** 가성비. 코스트파포먼스의 줄임말 ｜ **立ち飲み** 서서 마심 ｜ **居酒屋** 선술집 ｜ **おつまみ** 안주 ｜ **雰囲気** 분위기 ｜ **カクテルバー** 칵테일바 ｜ **種類** 종류

② 説明する (インフォーマル)

A a 先生にこの棚の整理を頼まれたんだけど、

どうすればいいかな。

B まず、b 棚のものを全部出して、拭いて、

それから、c 本とファイルに分けて戻せばいいと思うよ。

A 分かった。ありがとう。

1 a 動物の写真をうまく撮りたい
 b 連続撮影モードにする
 c 低い位置で構えてとる

2 a このアプリをダウンロードしたい
 b アプリ名をタッチしてインストールする
 c 同意ボタンを押す

3 a 神社にお参りするのは初めてだ
 b 鈴を鳴らしてから、お賽銭を入れる
 c 二礼二拍手一礼をする

4 a かぼちゃのスープを作ろうと思う
 b かぼちゃをゆでたあとミキサーにかける
 c 鍋に入れて牛乳を加える

連続撮影 연속 촬영 | モード 모드 | 構える 자세를 취하다 | アプリ 어플리케이션 | ダウンロード 다운로드 | タッチする 터치하다 | インストールする 인스톨하다, 설치하다 | 同意 동의 | 神社 신사 | お参りする 참배하다 | 鈴を鳴らす 방울을 울리다 | お賽銭 새전, 시줏돈 | 拍手 박수 | かぼちゃ 단호박 | ゆでる 삶다 | ミキサーにかける 믹서로 갈다 | 加える 더하다, 넣다

ダイアローグ

1 同僚に居酒屋について説明する

舞　今度の打ち上げのお店、どこにしましょうか。

金　僕、いい店知っていますよ。

舞　本当ですか。どんなお店ですか。

金　駅裏のヨドバシカメラの近くなんですけど、全部個室になっているので、周りを気にせず、盛り上がれるんです。

舞　そうなんですか。

金　インテリアも、部屋ごとに違っていて好みに応じて選べるんです。

舞　へえ、いいですね。そこにしましょう。

金　じゃあ、急いで予約しますね。のんびりしていると、予約が取れないなんてことになりかねないですから。

舞　じゃあ、金さん、さっそくお願いします。

駅裏 역 뒤 ｜ **個室** 개인실 ｜ **インテリア** 인테리어 ｜ **〜ごと** 〜마다 ｜ **好み** 기호 ｜ **〜に応じて** 〜에 따라 ｜ **のんびり** 유유히, 한가로이 ｜ **〜かねない** 〜할지도 모르다

2 友人にゲームについて説明する

愛 私、子供と遊ぶボランティアをしているんだけど、簡単に楽しめるゲーム、何か知らない？

純 そうだなあ。「あと出しじゃんけん」はどう？

愛 それ、どうやるの？

純 まず、司会者が「じゃんけんぽん」って言って、グー、チョキ、パーのどれかを出す。

愛 うん。

純 それで、次の「ぽん」で参加者にも同じものを出してもらうんだ。

愛 そこまでは簡単そうだね。

純 それを何回か続けたら、次は司会者に勝つものを出してもらって、上手になってきたら、最後は負けるものを出してもらうんだ。

愛 いいね。準備も必要ないし、年齢を問わずすぐできるし。

純 うん。コツはテンポよくやること。おすすめだよ。

あと出し (가위바위보 등에서) 남보다 손을 늦게 내는 것 ｜ **じゃんけん** 가위바위보 (=じゃんけんぽん) ｜ **グー** (가위바위보의) 바위 ｜ **チョキ** (가위바위보의) 가위 ｜ **パー** (가위바위보의) 보 ｜ **年齢** 연령 ｜ **〜を問わず** 〜을 불문하고

1 AとBは友達同士です。AはBにおすすめの飲食店を聞かれました。

A와 B는 친구 사이입니다. A는 B에게 추천하고 싶은 음식점에 대해 질문을 받았습니다.

ロールカードA

당신이 자주 가는 가게를 소개하고, 자세히 설명하세요.

あなたがよく行く店を紹介し、詳しく説明してください。

ロールカードB

당신이 알고 싶은 가게 정보에 대해 질문하면서 A 씨의 이야기를 들어주세요.

あなたが知りたい店の情報について、質問しながらAさんの話を聞いてください。

飲食店 음식점 | **情報** 정보

2 Ａは会社員で、Ｂは取引先の日本人です。Ｂは韓国に来るのが初めてです。

A는 회사원이고, B는 거래처 일본인입니다. B는 한국에 오는 것이 처음입니다.

ロールカードＡ	ロールカードＢ
B 씨에게 한국 술자리에서의 매너에 대해서 설명하세요. Ｂさんに韓国のお酒の席でのマナーについて説明してください。	맞장구를 치고, 모르는 것이 있으면 질문하면서 A 씨의 이야기를 들어주세요. あいづちを打ったり、分からないことがあれば質問しながら、Aさんの話を聞いてください。

あいづちを打つ 맞장구를 치다

表現を広げよう

1 ～かねない

・あいつならそれぐらいのことはやり**かねない**。

・そういった発言は誤解を招き**かねません**。

・肉ばかり食べすぎると＿＿＿＿＿＿＿＿＿＿＿＿＿＿**かねない**。

・자유 작문

＿＿＿＿＿＿＿＿＿＿＿＿＿＿＿＿＿＿＿＿＿＿＿＿＿＿＿＿＿＿＿＿＿＿＿＿

2 ～を問わず

・ソウルは、昼夜を**問わず**にぎやかなところだ。

・この雑誌は、男女を**問わず**多くの人に読まれている。

・＿＿＿＿＿＿＿＿＿＿＿＿は年齢を**問わず**、みんなに人気だ。

・자유 작문

＿＿＿＿＿＿＿＿＿＿＿＿＿＿＿＿＿＿＿＿＿＿＿＿＿＿＿＿＿＿＿＿＿＿＿＿

발言 발언 ｜ 誤解 오해 ｜ 招く 부르다, 초래하다 ｜ 昼夜 주야

フリートーキング

🔔 **スポーツ**

あなたはスポーツに興味がありますか。今回は、あなたがよくするスポーツや、よく見るスポーツについて話し合ってみましょう。

みんなのアンケート ☑ 📁 🗒 🕐

あなたがよく見るスポーツは？

1　プロ野球　　　　　　　6　サッカー

2　高校野球　　　　　　　7　バレーボール

3　フィギュア　　　　　　8　相撲

4　マラソン　　　　　　　9　ゴルフ

5　駅伝　　　　　　　　　10　ボクシング

あなたが好きなスポーツは何ですか？ そのスポーツについて次のようなことを話し合って発表してみましょう。

▶ **見るスポーツ**

・今までに印象に残った試合

・好きな選手

▶ **するスポーツ**

・このスポーツの魅力

・どんなきっかけで始めた？

단어 フィギュア 피겨(스케이팅) ｜ マラソン 마라톤 ｜ 駅伝 역전 경주 (도로를 코스로 하는 장거리 릴레이 경주) ｜ バレーボール 배구 ｜ 相撲 스모 ｜ ボクシング 복싱 ｜ 印象 인상 ｜ 魅力 매력 ｜ きっかけ 계기

単語チェック

알고 있는 단어들을 네모 안에 체크해 봅시다.

1류동사

- □ いかす(生かす)
- □ おう(追う)
- □ はかる(計る)
- □ ふく(拭く)
- □ もどす(戻す)

2류동사

- □ いためる(炒める)
- □ おしつける(押し付ける)
- □ かまえる(構える)
- □ くらべる(比べる)
- □ くわえる(加える)
- □ とりあげる(取り上げる)
- □ のせる(乗せる)
- □ ゆでる
- □ わける(分ける)

3류동사

- □ ひかくする(比較する)
- □ ようやくする(要約する)

な형용사

- □ さいてきだ(最適だ)

요리

- □ あじつけ(味付け)
- □ かくしあじ(隠し味)
- □ シェフ
- □ そざい(素材)
- □ ちょうみりょう(調味料)

스포츠

- □ すもう(相撲)
- □ バレーボール
- □ フィギュア
- □ ボクシング
- □ マラソン

기타

- □ いざかや(居酒屋)
- □ いっぱん(一般)
- □ うでどけい(腕時計)
- □ えきうら(駅裏)
- □ ぎょうれつ(行列)
- □ こしつ(個室)
- □ せいり(整理)
- □ ちゅうや(昼夜)
- □ どうい(同意)
- □ ねんれい(年齢)
- □ はくしゅ(拍手)

숙어표현

- □ あいづちをうつ(あいづちを打つ)
- □ すずをならす(鈴を鳴らす)
- □ ミキサーにかける

12

<ruby>意<rt>い</rt></ruby><ruby>見<rt>けん</rt></ruby>を<ruby>述<rt>の</rt></ruby>べる

이 과에서는 자신의 의견을 말하거나 상대방의 의견에 대해
반대할 때 필요한 어휘와 표현에 대해 학습합니다.

ウォーミングアップ

1 ゲームは有害だと思いますか。

2 対面と比べてオンライン授業のいい点は何だと思いますか。

✓ 사원이 회의에서 의견을 말하고 있습니다. 빈칸에 들어갈 알맞은 표현을 모두 골라 봅시다.

田中さんの意見について どう思いますか。

① いいと思います。私も同意します。

② 理解はできますが、基本的には反対です。

③ はい。賛成が2名、反対が3名でした。

단어

有害 유해 | **対面** 대면

表現

💡 これだけは！

🎵 MP3 **95**

1 意見を述べる

> **フォーマル** ・私は小学生がスマートフォンを使うのはよくないと思います。
>
> **インフォーマル** ・私は電車の中での化粧はマナー違反だと思う。

2 反論する

> **フォーマル** ・私はそうは思いません。非常の時の連絡手段として必要だと思います。
>
> **インフォーマル** ・私はそうは思わないな。別に誰にも迷惑をかけてないじゃない。

💡 もっと話せる！

🎵 MP3 **96**

1 反対意見の容認と反論

・確かにそれも一理ありますが、美容整形には後遺症などのリスクがあるという問題点もあると思います。

・もちろん、鈴木さんのご意見も分かるんですが、だからと言って、今すぐサービスを開始しても十分な経済効果は見込めないのではないでしょうか。

2 結論を述べる

・ですから、やはりクローン人間は作ってはいけないというのが私の考えです。

・したがって、事故の再発防止のための安全対策を急ぐべきだと思われます。

・以上の理由から、消費者の声を商品開発に生かすという意見に賛成です。

化粧 화장 | マナー 매너 | 違反 위반 | 反論する 반론하다 | 容認 용인 | 一理 일리 | 美容整形 미용 성형 | 後遺症 후유증 | リスク 위험 | だからと言って 그렇다고 해서 | 開始する 개시하다 | 経済効果 경제 효과 | 見込む 예상하다 | 結論 결론 | クローン人間 복제 인간 | したがって 따라서 | 再発防止 재발 방지 | 対策 대책 | 商品開発 상품 개발

① 意見を述べる (フォーマル) 　♪ MP3 97

A 私は、a 小学生がスマートフォンを使うのはよくない
と思います。なぜなら、b 使用時間を自分でコントロール
できないからです。

B 私はそうは思いません。c 非常の時の連絡手段として
必要だと思います。

1 a 救急車の利用を有料化すべきだ
　b 不適切な利用者が減る
　c 経済的な余裕のない人を差別することになる

2 a サマータイム制は意義がある
　b 明るい夕方の時間が1時間増えて活動しやすくなる
　c 寝不足や体調不良になる人もいる

3 a 死刑制度は廃止すべきだ
　b 万一冤罪だった場合、取り返しがつかなくなる
　c 死刑制度は、凶悪犯罪の抑止力になっている

4 a 大学はもっと減らすべきだ
　b 誰でも大学に入れるようになれば、大学の価値が下がる
　c 大学の質をあげて、みんなが質の高い教育を受けられる方がいい

救急車 구급차 | 有料化する 유료화하다 | 不適切だ 부적절하다 | 減る 줄다 | 余裕 여유 | 意義 의의 | 体調不良
컨디션 불량 | 死刑 사형 | 廃止する 폐지하다 | 万一 만일 | 冤罪 억울한 죄 | 取り返しがつかない 되돌릴 수 없다
| 凶悪 흉악 | 抑止力 억제력 | 減らす 줄이다 | 価値 가치 | 質 질

② **意見を述べる (インフォーマル)**

A 私はa電車の中での化粧はマナー違反だと思う。

B 私はそうは思わないな。b別に誰にも迷惑かけてないじゃない。

A そうかな。でもc不快に思う人とトラブルになることもあると思う。

B まあ、たしかにそれも一理あるね。

1 a 高校生がバイトをするのはいいことだ

　b 将来のために勉強した方が有意義

　c お金を稼ぐことの大変さが分かる

2 a 大学生に門限なんて必要ない

　b 親に心配をかけるのはよくない

　c 自分で時間の管理ができていれば問題ない

3 a 子供のころにいろいろ習い事をさせた方がいい

　b 無理やりさせても意味がない

　c そこから適性とか才能に気付くこともある

4 a 夢を持って努力する人って素敵

　b 夢だけじゃ食べていけない

　c それはただ、失敗することを恐れているだけだ

不快に 불쾌하게 | **有意義** 유의의, 가치가 있음 | **稼ぐ** 돈을 벌다 | **適性** 적성 | **才能** 재능 | **恐れる** 겁내다, 두려워하다

1 先生に意見を述べる

先生 ずいぶん前から家庭や飲食店などで「食品ロス」が問題になっていますね。

李 はい。国が豊かになるにつれて、平気で食べ物を捨てる人が増えてきたのが問題ではないかと思います。

愛 私も少しでも賞味期限が過ぎていたら捨てたり、形が悪いものは買わなかったりします。

先生 そうですね。賞味期限の問題に関して言うと、みなさんは新しいものが欲しいからと言って棚の後ろから取ったりしたことはありませんか。

李 よくします。でも、そのほうが賞味期限が長いものを買えて、捨てなくて済むのではないですか。

先生 確かにそうですが、お店の立場から考えれば、古い物が残ってしまい、大量の廃棄が出ることになりかねませんよね。

愛 でも、やっぱり、新しいものがいいと思ってしまいます。

李 つまり、そういう意識を変えることが必要なんですね。
あとは、計画的に買うとか、こまめに買うとか。

先生 その通りだと思います。いろいろな取り組みがありますから、一人一人が意識してみるといいと思いますよ。

家庭 가정 | **食品ロス** 식품 손실 | **豊かだ** 풍요롭다, 풍족하다 | **〜につれて** 〜함에 따라 | **平気だ** 아무렇지 않다 |
賞味期限 유통 기한 | **済む** 끝나다 | **立場** 입장 | **大量** 대량 | **廃棄** 폐기 | **つまり** 즉, 다시 말해서 | **意識** 의식 |
計画的だ 계획적이다 | **こまめに** 알뜰하게 | **その通りだ** 그 말이 맞다 | **取り組み** 대처, 노력

2 友人に意見を述べる

純 バイトでね、店内だけじゃなくて、店の外にも防犯カメラを設置することになったんだ。

愛 最近、物騒だもんね。いいと思う。

純 確かに、この間も店の外で客同士のけんかがあって大変だったから、店長の気持ちも分かるんだけど。

愛 純君は反対なの？

純 うーん。店内はいいけど、店の外までは…。プライバシーの問題もあるし、監視されていることに対して不快に思う人もいるんじゃないかな。

愛 もちろん、プライバシーも無視できないけど、録画されたものを適切に使うなら問題ないし、カメラがあることで逆に安心する人もいるんじゃない？

純 うーん。そうか。言われてみれば、

そうかもしれないね。

単語 **防犯** 방범 │ **設置する** 설치하다 │ **物騒だ** 뒤숭숭하다 │ **客同士** 손님끼리 │ **プライバシー** 프라이버시, 사생활 │ **監視する** 감시하다 │ **～に対して** ～에 대해서 │ **録画** 녹화 │ **適切だ** 적절하다

1 AとBは親しい友達同士です。大学生のアルバイトについて話しています。

A와 B는 친한 친구 사이입니다. 대학생의 아르바이트에 대해 이야기하고 있습니다.

ロールカードA

당신은 대학생의 아르바이트에 찬성입니다. B 씨의 의견을 들으면서 당신의 의견을 말하세요.

あなたは大学生のアルバイトに賛成です。Bさんの意見を聞きながら、あなたの意見を話してください。

ロールカードB

당신은 대학생의 아르바이트에는 반대입니다. A 씨의 의견을 들으면서 당신의 의견을 말하세요.

あなたは大学生のアルバイトには反対です。Aさんの意見を聞きながら、あなたの意見を話してください。

2

AとBは同じ会社に務めています。BはAの上司です。

A와 B는 같은 회사에 근무하고 있습니다. B는 A의 상사입니다.

ロールカードA	ロールカードB
당신의 회사는 사내 흡연을 인정하고 있습니다. 하지만 당신은 그것에 반대입니다. 당신의 의견을 상사 B 씨에게 전달하세요.	당신은 흡연자이며 사내 금연에는 반대입니다. A 씨의 의견에 반론하세요.
あなたの会社は社内の喫煙が認められています。しかし、あなたはそれに反対です。あなたの意見を上司のBさんに伝えてください。	あなたは喫煙者で、社内禁煙には反対です。Aさんの意見に反論してください。

社内 사내 ｜ **喫煙** 흡연 ｜ **認める** 인정하다 ｜ **禁煙** 금연

1 ～しかねる

・この資料だけでは、どちらがいいのか判断しかねます。

・その質問にはお答えしかねます。

・私一人では＿＿＿＿＿＿＿＿＿＿＿かねますので、上司に相談してみます。

・자유 작문

2 ～に対して

・山本選手は記者の質問に対して一つ一つ丁寧に答えた。

・裁判所は、その会社に対して1億の支払いを命じた。

・＿＿＿＿＿＿＿＿＿＿＿に対してそのような態度を取るのはよくない。

・자유 작문

判断する 판단하다 ｜ 丁寧だ 친절하다, 정중하다, 주의 깊다 ｜ 裁判所 재판소 ｜ 支払い 지불

 フリートーキング

🔔 どっち？

世の中にはいろんな「どっち？」があるけれど、人によって意見は様々。
今回は様々な「どっち」についてみんなで話し合ってみましょう。

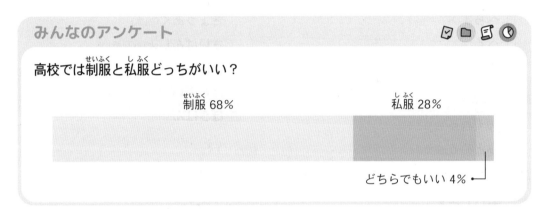

みんなのアンケート

高校では制服と私服どっちがいい？

制服 68%　　　　　　　　　　　私服 28%

どちらでもいい 4%

▶ その他、こんな「どっち」についても考えてみましょう。

・マンションと一軒家、どちらに住みたい？
・国内旅行と海外旅行、どちらに行きたい？
・プレゼントをもらうなら、サプライズ / 事前に相談、どちらがいい？

～によって ～에 따라, ～마다 | **制服** 교복, 제복 | **私服** 사복 | **マンション** 맨션, 고층 아파트 | **一軒家** 단독주택 |
住む 살다 | **サプライズ** 서프라이즈 | **事前** 사전

알고 있는 단어들을 네모 안에 체크해 봅시다.

●● 1류동사

- □ かせぐ(稼ぐ)
- □ すむ(済む)
- □ へらす(減らす)
- □ へる(減る)
- □ みこむ(見込む)

●● 2류동사

- □ おそれる(恐れる)
- □ みとめる(認める)

●● 3류동사

- □ かいしする(開始する)
- □ かんしする(監視する)
- □ せっちする(設置する)
- □ はいしする(廃止する)
- □ はんだんする(判断する)

●● な형용사

- □ こまめだ
- □ ていねいだ(丁寧だ)
- □ てきせつだ(適切だ)
- □ ぶっそうだ(物騒だ)
- □ ふてきせつだ(不適切だ)
- □ へいきだ(平気だ)

●● 의료

- □ きゅうきゅうしゃ(救急車)
- □ こういしょう(後遺症)
- □ びようせいけい(美容整形)

●● 범죄

- □ いはん(違反)
- □ えんざい(冤罪)
- □ きょうあく(凶悪)
- □ さいばんしょ(裁判所)
- □ しけい(死刑)
- □ はんざい(犯罪)
- □ ぼうはん(防犯)

●● 토론

- □ けつろん(結論)
- □ はんろん(反論)

●● 기타

- □ いぎ(意義)
- □ かてい(家庭)
- □ きつえん(喫煙)
- □ しょうみきげん(賞味期限)
- □ たいさく(対策)
- □ ゆういぎ(有意義)
- □ ようにん(容認)
- □ よくしりょく(抑止力)

●● 숙어표현

- □ だからといって(だからと言って)
- □ とりかえしがつかない
  (取り返しがつかない)

모범답안

| ウォーミングアップ
| いれかえ練習
| 表現を広げよう

Lesson 01

申し出る
<ruby>申<rt>もう</rt></ruby>し<ruby>出<rt>で</rt></ruby>る

ウォーミングアップ p.8

① ✕ ➡ 상대방이 나를 도와주기를 바랄 때 쓰는 표현이다.

② ○

③ ○

いれかえ練習 p.10, 11

① 1 A 部長、その仕事、a <u>私でよろしければ</u>、
　　　　b <u>手伝わせてください</u>。
　　　B そうですか。それは<ruby>助<rt>たす</rt></ruby>かります。

　　2 A 部長、その仕事、a <u>ご迷惑でなければ</u>、b
　　　　<u>私がやらせていただきますが</u>。
　　　B そうですか。それは<ruby>助<rt>たす</rt></ruby>かります。

　　3 A 部長、その仕事、a <u>人手が足りないよう</u>
　　　　<u>でしたら</u>、b <u>お手伝いしますが</u>。
　　　B そうですか。それは<ruby>助<rt>たす</rt></ruby>かります。

② 1 A a <u>家まで送って行きましょうか</u>。
　　　B ありがとうございます。
　　　　b <u>でも、近くで買い物してから帰ります</u>
　　　　<u>ので</u>。

　　2 A a <u>会計の仕事は私がやりましょうか</u>。
　　　B ありがとうございます。
　　　　b <u>ご迷惑をおかけしてすみません</u>。

　　3 A a <u>コーヒー買ってきましょうか</u>。
　　　B ありがとうございます。
　　　　b <u>でも、さっき買ってきたから大丈夫です</u>。

③ 1 A 誰か a <u>サークルの代表になってくれる人</u>
　　　　いないかな。
　　　B 私が b <u>なろう</u>か。
　　　A 本当？ありがとう。

　　2 A 誰か a <u>荷物を預かってくれる人いないか</u>
　　　　な。
　　　B 私が b <u>預かっておこう</u>か。
　　　A 本当？ありがとう。

　　3 A 誰か a <u>今日のアルバイト、代わってくれ</u>
　　　　<u>る人</u>いないかな。
　　　B 私が b <u>山田さんにお願いしてみよう</u>か。
　　　A 本当？ありがとう。

④ 1 A これから、a <u>部室の掃除をするんだ</u>。
　　　B b <u>一緒に片付けよう</u>か。
　　　A c <u>ううん、大丈夫</u>。

　　2 A これから、a <u>お客さんに出す料理を作る</u>
　　　　<u>んだ</u>。
　　　B b <u>私も一品作ろう</u>か。
　　　A c <u>本当？すごく助かるよ</u>。

　　3 A これから、a <u>空港に行くんだ</u>。
　　　B b <u>車で送ろう</u>か。
　　　A c <u>えー、悪いからいいよ</u>。

表現を広げよう p.16

〈解答例〉

① 今回の試験は勉強をしなかったわりにいい成績
　が取れた。

② 冬は風邪を引きがちなので、気をつけなければ
　ならない。

Lesson 02
お願いする
ねが

ウォーミングアップ p.20

① ✕ ➡ 「しましょうか」は内가 어떤 일을 할 때 쓰는 표현이다.

② ○

③ ○

いれかえ練習 p.22, 23

① 1 A 李さん、a すみませんが、b 部長にこの話を伝えてもらえませんか。

　　B ええ、いいですよ。

　2 A 李さん、a 忙しいとは思いますが、b 午後の会議に参加してもらえませんか。

　　B ええ、いいですよ。

　3 A 李さん、a ちょっとお願いがあるんですが、b プレゼンの資料をメールで送ってもらえませんか。

　　B ええ、いいですよ。

② 1 A a このファイルの整理、今日中にお願いできますか。

　　B b 今日は外せない用事があるんです。明日まででいいでしょうか。

　2 A a このパソコンの修理、今日中にお願いできますか。

　　B b あいにくこれからアルバイトがあるんです。明日まででいいでしょうか。

　3 A a 実験データのまとめ、今日中にお願いできますか。

　　B b ちょっと今日は熱があるんです。明日までででいいでしょうか。

③ 1 A a 無理だったらいいんだけど、今度の日曜日、b 資料の整理を手伝ってもらえないかな。

　　B うん、いいよ。

　2 A a だめだったらいいんだけど、今度の日曜日、b 一緒に文化祭の準備をしてもらえないかな。

　　B うん、いいよ。

　3 A a 時間がなかったらいいんだけど、今度の日曜日、b 映画に付き合ってくれないかな。

　　B うん、いいよ。

④ 1 A a 金曜日のバイト、代わってもらえないかな。

　　B ごめん。代わってあげたいんだけど、b テストの準備で忙しいんだ。

　2 A a 掃除当番、代わってもらえないかな。

　　B ごめん。代わってあげたいんだけど、b 今日は早く帰らないと。

　3 A a 座る場所、代わってもらえないかな。

　　B ごめん。代わってあげたいんだけど、b 後ろだと字がよく見えなくて。

表現を広げよう p.28

〈解答例〉

① この道に沿ってまっすぐ行くと、湖があります。

② 英語を勉強する人向けのおすすめコンテンツは英語学習アプリです。

Lesson 03

ほめる

ウォーミングアップ p.32

① × ➡ いいえ、そんなことないですよ。

② ○

③ ○

いれかえ練習 p.34, 35

① 1 A a 日本語の通訳、良かったですよ。
   b やっぱり違いますね、専門家みたいです。

   B いいえ、とんでもないです。

   2 A a 今日の公演、良かったですよ。
   b ダンスもうまいし、さすがですね。

   B いいえ、とんでもないです。

   3 A a プロジェクトの説明、良かったですよ。b 朴さんに任せて正解でした。

   B いいえ、とんでもないです。

② 1 A 会議の進め方、a 良かったですよ。

   B ありがとうございます。
   b これからも頑張ります。

   2 A 会議の進め方、a いい感じでしたよ。

   B ありがとうございます。
   b 皆の助けがあったからです。

   3 A 会議の進め方、a すごく良くなりましたね。

   B ありがとうございます。
   b 課長のご指導のおかげです。

③ 1 A Bさんって、a おしゃれだね。
   b センスがよくてうらやましい。

   B そうかな。ありがとう。

   2 A Bさんって、a 社交的だね。
   b 私も見習わないと。

   B そうかな。ありがとう。

   3 A Bさんって、a 物知りだね。
   b 何でも知ってて尊敬するよ。

   B そうかな。ありがとう。

④ 1 A Bさんの a 字はいつも b きれいだね。

   B えっ、そう？ c うれしいな。

   2 A Bさんの a 話はいつも b 面白いね。

   B えっ、そう？ c Aさんこそ。

   3 A Bさんの a 資料はいつも b 分かりやすいね。

   B えっ、そう？ c そんなことないよ。

表現を広げよう p.40

〈解答例〉

① お酒を飲めない私にとっては、飲み会は楽しいものではない。

② 今日はキャベツ抜きでサラダを作ってみました。

Lesson 04
提案する

ていあん

ウォーミングアップ　p.44

① ×

② ○

③ ○

いれかえ練習　p.46, 47

① 1 A どうも a 一部の商品に問題があるような
いちぶ　しょうひん　もんだい
んです。

B 担当者に b 確認してみるのはどうですか。
たんとうしゃ　かくにん

A そうですね。

2 A どうも a 報告書の内容に問題があるよう
ほうこくしょ　ないよう　もんだい
なんです。

B 担当者に b 調査を頼んでみるのもいいと
たんとうしゃ　ちょうさ　たの
思いますが。
おも

A そうですね。

3 A どうも a 製品の安全性に問題があるよう
せいひん　あんぜんせい　もんだい
なんです。

B 担当者に b 点検をお願いしたほうがいい
たんとうしゃ　てんけん　ねが
かもしれませんね。

A そうですね。

② 1 A a 当日のお昼はお弁当にしたらいかがで
とうじつ　ひる　べんとう
しょうか。

B b いいですね。そうしましょう。

2 A a 次回のドラマは恋愛ものにしたらいか
じかい　れんあい
がでしょうか。

B b なるほど。それでいきましょう。

3 A a 場所の変更についてはもう一度話し合
ばしょ　へんこう　いちど　はな　あ
ったらいかがでしょうか。

B b ええ、私もそう思います。
わたし　おも

③ 1 A a 演奏会の打ち上げ、どうしようか。
えんそうかい　う　あ

B b 来週はテストだし、c 終わってからに
らいしゅう　お
するのはどう。

2 A a 文化祭の準備、どうしようか。
ぶんかさい　じゅんび

B b 平日は部活があるし、c 週末に集まる
へいじつ　ぶかつ　しゅうまつ　あつ
のはどう。

3 A a 英会話教室の申し込み、どうしよう
えいかいわきょうしつ　もう　こ
か。

B b 広告だけじゃ分からないし、c 説明を
こうこく　わ　せつめい
聞きに行くのはどう。
き　い

④ 1 A 帰りは疲れるからタクシー a に乗らない。
かえ　つか　の

B b それもそうだね。

2 A 帰りは疲れるからタクシー a にしたほう
かえ　つか
がいいんじゃない。

B b 確かに、そのほうがいいね。
たし

3 A 帰りは疲れるからタクシー a に乗るのは
かえ　つか　の
どう。

B b そうだね、それがいいと思う。
おも

表現を広げよう　p.52

〈解答例〉

① 忙しすぎて、旅行どころじゃない。
いそが　りょこう

② セミナーの日、いつでしたっけ？
ひ

Lesson 05

不満を伝える

ウォーミングアップ p.56

① ○

② ○

③ ×

いれかえ練習 p.58, 59

① 1 A a わざわざ言いたくはないんですが、b 借りた資料は早めに返してもらわないと困るんですよ。

B 申し訳ありません。今後、気をつけます。

2 A a 細かいことで申し訳ないんですが、b 報告書にはページ数を入れてもらわないと困るんですよ。

B 申し訳ありません。今後、気をつけます。

3 A a こんなことを言うのは失礼かもしれないんですが、b 早くこの会社の方針に慣れてもらわないと困るんですよ。

B 申し訳ありません。今後、気をつけます。

② 1 A 申し訳ありません。a お名前まではよく知らなかったもので…。

B b NNL通信さんはお得意様ですから、きちんと謝っておいてくださいね。

2 A 申し訳ありません。a メールを送ったとばかり思っておりまして…。

B b アサヒ商事さんはお得意様ですから、きちんと謝っておいてくださいね。

3 A 申し訳ありません。a てっきり田中さんが対応したと思っていたものですから…。

B b ゆり銀行さんはお得意様ですから、きちんと謝っておいてくださいね。

③ 1 A a 忙しいのかもしれないけど、b 最近ちょっとドタキャンが多くない？

B ごめん。これから気をつけるね。

2 A a 私が言うのもなんだけど、b バイト無断欠勤しすぎじゃない？

B ごめん。これから気をつけるね。

3 A a 慣れてないのは分かるけど、b もう少し敏速に動かないと。

B ごめん。これから気をつけるね。

④ 1 A 試合も近いし、a ユニフォームを早く揃えてほしいんだけど…。

B ごめんね。b バイト代がまだ入らなくて。

2 A 試合も近いし、a 基礎的なミスはなくしてほしいんだけど…。

B ごめんね。b 実はけががまだ治ってなくて。

3 A 試合も近いし、a もう少し遅くまで練習してほしいんだけど…。

B ごめんね。b 家の門限が厳しくて。

〈解答例〉

① ちょっと風邪気味なので、家で休みます。

② 節約したつもりが、かえって貯金が減ってしまった。

Lesson 06
不安を打ち明ける

ウォーミングアップ p.68

① ○

② ×

③ ○

いれかえ練習 p.70, 71

① 1 A ａお恥ずかしい話なんですが、実は、ｂ運転免許の筆記試験、自信がないんですよ。

B そうなんですか。

2 A ａあまり言いたくないんですが、実は、ｂ今の会社に将来性を感じられないんです。

B そうなんですか。

3 A ａ誰にも話さないでいただきたいんですが、実は、ｂうちの母、ちょっと健康に問題がありまして。

B そうなんですか。

② 1 A ａ医者に手術したほうがいいって言われたんです。

B そうなんですか。

b それは大変ですね。

2 A ａ取引がうまくいくか心配で夜も眠れないんです。

B そうなんですか。

b きっとうまくいきますよ。

3 A ａ来週までに事業計画書を仕上げないといけないんです。

B そうなんですか。ｂ私にお手伝いできることがあったら、何でもおっしゃってください。

③ 1 A ａＡ社の入社試験を受けたんだけど、ｂ落ちたらどうしよう。

B きっと大丈夫だよ。ｃ信じて待つしかないよ。

2 A ａイベントの司会を頼まれたんだけど、ｂうまくできなかったらどうしよう。

B きっと大丈夫だよ。ｃ緊張しないで気楽にね。

3 A ａ最近友達が冷たいんだけど、ｂ嫌われていたらどうしよう。

B きっと大丈夫だよ。ｃ思い過ごしだよ。

④ 1 A ａ次は合格できるのか、すごく不安で…。

B ｂやれるだけのことはやったじゃない。

2 A ａ留学のことを考えると、すごく不安で…。

B ｂ案ずるより産むが易し、だよ。

3 A ａ知らない土地に引っ越してきて、すごく不安で…。

B ｂすぐ慣れるよ。私でよければいつでも電話して。

〈解答例〉

① さんざん試着したあげく、結局買わなかった。

② 本人のやる気次第で、どこの大学にも入れる。

Lesson 07
許可を求める

ウォーミングアップ　p.80

① ○

② ×➡ 病院へ行くので、明日は休ませていただ
けないでしょうか。

③ ○

いれかえ練習　p.82, 83

① 1 A a 急な話で申し訳ないのですが、
b 明日の説明会に私も参加させていただ
けないでしょうか。
B はい、分かりました。

2 A a 力不足かもしれないのですが、b 実習
生の指導は私に任せていただけないでしょ
うか。
B はい、分かりました。

3 A a お手数をおかけして申し訳ないのです
が、b 商品テストの実施を来週に延期さ
せていただけないでしょうか。
B はい、分かりました。

② 1 A a もう少しお話を伺いたいんですが、明日
の午後はお時間ありますか。
B 明日は4時から臨時会議があるので、
b 6時以降なら大丈夫です。

2 A a 一度見せていただきたいんですが、明日
の午後はお時間ありますか。
B 明日は4時から臨時会議があるので、
b 3時までに終わるなら大丈夫です。

3 A a 詳しく説明させていただきたいんです
が、明日の午後はお時間ありますか。
B 明日は4時から臨時会議があるので、
b 3時半に会社を出られるなら大丈夫で
す。

③ 1 A もし a 難しかったらいいんだけど、
b ペットの世話、一日だけお願いできる
かな。
B うん。c 全然かまわないよ。

2 A もし a 都合が悪かったらいいんだけど、
b 週末、うちにおじゃましてもいいか
な。
B うん。c どうぞどうぞ。

3 A もし a 嫌いだったらいいんだけど、
b 会食のメニュー、中華に変えちゃだめ
かな。
B うん。c 別にいいよ。

④ 1 A a 荷物、ここに置かせてくれない？
B b 私が帰るまでなら、いいよ。

2 A a 主人公の役、やらせてくれない？
B b みんなもいいって言うなら、いいよ。

3 A a ちょっとパソコン使わせてくれない？
B b 1時間だけなら、いいよ。

表現を広げよう p.88

〈解答例〉

① 陰ながら応援しています。

② 使いきれないほどのビニール袋を持っている。

Lesson 08
自己PRをする

ウォーミングアップ p.92

① ○

② ○

③ ×

いれかえ練習 p.94, 95

① 1 A まず、ご自分の性格について話してください。

B 私は、どちらかと言うと、a 慎重で、b 物事をじっくり考えて行動するほうです。

2 A まず、ご自分の性格について話してください。

B 私は、どちらかと言うと、a 考え方が柔軟で、b 他の人の意見によく耳を傾けるほうです。

3 A まず、ご自分の性格について話してください。

B 私は、どちらかと言うと、a 社交的で、b 初対面の人ともすぐ仲良くなれるほうです。

② 1 A 次に、自己PRをお願いします。

B はい。私は、a 人の力になりたくて、ずっとb 福祉施設でのボランティアを続けてきました。

2 A 次に、自己PRをお願いします。

B はい。私は、a 資格取得のために、ずっとb 栄養管理に関する勉強を続けてきました。

3 A 次に、自己PRをお願いします。

B はい。私は、a 人と接するのが楽しくて、ずっとb 学生会の活動を続けてきました。

③ 1 A a クラス委員を引き受けてくれる人、誰かいないかなあ。

B 私でよければ。b 何度かやったことがあるんだ。

2 A a 売り上げの計算をしてくれる人、誰かいないかなあ。

B 私でよければ。b わりと几帳面だし、計算は得意なんだ。

3 A a 企画を一緒に考えてくれる人、誰かいないかなあ。

B 私でよければ。b アイデアが斬新だとよく言われるんだ。

④ 1 A 大学時代は a バイトに明け暮れていたよね。

B うん。おかげで b 接客がうまくなったと思う。

2 A 大学時代は a いろいろな国に行ったよね。

B うん。おかげで b 視野が広がったと思う。

3 A 大学時代は a 研究に没頭していたよね。

B うん。おかげで b 今の仕事につながったと思う。

表現を広げよう p.100

〈解答例〉

① 病気をきっかけに健康に関心を持つようになった。

② 彼のことだからきっと来るに決まってるよ。

Lesson 09
回想する

ウォーミングアップ p.104

① ○

② ○

③ ×

いれかえ練習 p.106, 107

① 1 A a 私の子供の頃の話なんですが、b ある日公園で知らないおばあさんがお菓子をくれたんです。

B ええ。

A c でも、そのあと振り返ったらそのおばあさんはどこにもいませんでした。
すごく d 不思議だったです。

2 A a 1年前の夏の話なんですが、b 母が台所にいる時、テレビから電話の音が流れたんです。

B ええ。

A c そしたら、母が本当の電話だと勘違いして出ようとしたんです。
すごく d おかしかったです。

3 A a 小学1年生の時の話なんですが、b 間違って、幼稚園の体育着を持って学校に行ってしまったんです。

B ええ。

A c それで、私だけみんなと違う色の体育着を着て授業を受けました。
すごく d 恥ずかしかったです。

4 A a 中学の卒業式の時の話なんですが、b ある後輩が私の大好きな歌手のサイン入りTシャツをくれたんです。

B ええ。

A c そして、「いつまでもずっと素敵な先輩でいてください」って言われました。
すごく d 嬉しかったです。

② 1 A 子供の時の話なんだけど、a 炊飯器のご飯1人で全部食べちゃったんだ。

B えー、ほんとに。

A それで、b 母親にすごく叱られたんだよね。

B c 今のAさんからは想像つかないね。

2 A 子供の時の話なんだけど、a 自転車で3人乗りしたことがあるんだ。

B えー、ほんとに。

A それで、b 自転車ごと田んぼに落っこちたんだよね。

B c 下が田んぼでよかったね。

3 A 子供の時の話なんだけど、a うちの父、仕事でほとんど家に帰ってこなくて。

B えー、ほんとに。

A それで、b 帰って来る時は、両手いっぱいのお土産を買ってきたんだよね。

B c いいお父さんだね。

4 A 子供の時の話なんだけど、a プールで溺れそうになってね。

B えー、ほんとに。

A それで、b 必死に知らない人につかまって助かったんだよね。

B c プールは楽しいけど、怖いね。

〈解答例〉

① 優勝したので、うれしくてしょうがない。

② テーブルの上に食べかけのサンドイッチが置いてある。

Lesson 10
物語る

① ×

② ○

③ ○

① 1 A この映画は、a ファンタジーなんですけど、始まった瞬間から目が離せないんです。

B どんなストーリーなんですか。

A b 都会から田舎に引っ越してきた姉妹が、森に住む不思議な生き物に出会う物語です。

B 最後は c その生き物と仲良くなれるんですか。

A ええ、ハッピーエンドで終わります。

2 A この映画は、a 恋愛映画なんですけど、始まった瞬間から目が離せないんです。

B どんなストーリーなんですか。

A b 女子高生と男子高生が入れ替わってしまう物語です。

B 最後は c もとに戻れるんですか。

A ええ、ハッピーエンドで終わります。

3 A この映画は、a ホラーなんですけど、始まった瞬間から目が離せないんです。

B どんなストーリーなんですか。

A b 呪いをかけられてしまった主人公が、呪いを解く方法を探しに行く物語です。

B 最後は c ちゃんと呪いが解けるんですか。

A ええ、ハッピーエンドで終わります。

4 A この映画は、a フィクションなんですけど、始まった瞬間から目が離せないんです。

B どんなストーリーなんですか。

A b 捨て犬の里親を見つけるために、保健所の職員の一人が奔走する物語です。

B 最後は c うまく引き取ってもらえるんですか。

A ええ、ハッピーエンドで終わります。

② 1 A そのドラマ、どんなドラマなの？

B a 幕末の時代を描いた時代劇だよ。

A へえ、面白そう。

B うん。b 命をかけて戦うシーンがすごくよかったよ。

2 A そのドラマ、どんなドラマなの？

B a ばらばらになった家族の絆を取り戻すホームドラマだよ。

A へえ、面白そう。

B うん。b 特に子役の子の泣かせる演技が
すごくよかったよ。

3 A そのドラマ、どんなドラマなの？

B a 過去にタイムスリップした主人公が人々を助ける話だよ。

A へえ、面白そう。

B うん。b 人々を救おうと必死に頑張る姿がすごくよかったよ。

4 A そのドラマ、どんなドラマなの？

B a 型破りな刑事が難事件を次々解決する刑事ものだよ。

A へえ、面白そう。

B うん。b テンポのいい展開がすごくよかったよ。

表現を広げよう p.124

〈解答例〉

① 私が住んでいる街はのら猫だらけだ。

② 今日は卒業式ですから、休むわけにはいきません。

Lesson 11
説明する

ウォーミングアップ p.128

① ×

② ○

③ ○

いれかえ練習 p.130, 131

① 1 A a 新大久保でおいしい韓国料理の店、知りませんか。

B b 行列のできる人気のビュッフェがありますよ。

A へえ、どんな店ですか。

B c 野菜中心で、素材の味を生かした味付けなんです。何度も行きたくなりますよ。

2 A a 原宿でおしゃれなレストラン、知りませんか。

B b 有名なシェフがいるイタリアンがありますよ。

A へえ、どんな店ですか。

B c ボリュームがあって、コスパが最高なんです。何度も行きたくなりますよ。

3 A a 渋谷で安く飲める店、知りませんか。

B b 立ち飲みの居酒屋がありますよ。

A へえ、どんな店ですか。

B c 飲み物とおつまみが全部300円なんです。何度も行きたくなりますよ。

4 A a 銀座で雰囲気のいいバー、知りませんか。

B b 有名なカクテルバーがありますよ。

A へえ、どんな店ですか。

B c カクテルが５０種類もあって、どれもおいしいんです。何度も行きたくなりますよ。

② 1 A a 動物の写真をうまく撮りたいんだけど、どうすればいいかな。

B まず、b 連続撮影モードにして、それから c 低い位置で構えてとればいいと思うよ。

A 分かった。ありがとう。

2 A ａ このアプリをダウンロードしたいんだ
　　けど、どうすればいいかな。
　B まず、ｂ アプリ名をタッチしてインスト
　　ールして、それから ｃ 同意ボタンを押せ
　　ばいいと思うよ。
　A 分かった。ありがとう。

3 A ａ 神社にお参りするのは初めてなんだけ
　　ど、どうすればいいかな。
　B まず、ｂ 鈴を鳴らしてから、お賽銭を入
　　れて、それから ｃ 二礼二拍手一礼をすれ
　　ばいいと思うよ。
　A 分かった。ありがとう。

4 A ａ かぼちゃのスープを作ろうと思ったん
　　だけど、どうすればいいかな。
　B まず、ｂ かぼちゃをゆでたあと、ミキサ
　　ーにかけて、それから ｃ 鍋に入れて牛乳
　　を加えればいいと思うよ。
　A 分かった。ありがとう。

表現を広げよう p.136

〈解答例〉

① 肉ばかり食べすぎると病気になりかねない。

② ドラえもんは年齢を問わず、みんなに人気だ。

Lesson 12
意見を述べる

ウォーミングアップ p.140

① ○

② ○

③ ×

いれかえ練習 p.142, 143

① 1 A 私は、ａ 救急車の利用を有料化すべきだ
　　と思います。なぜなら、ｂ 不適切な利用
　　者が減るからです。
　B 私はそうは思いません。ｃ 経済的な余裕
　　のない人を差別することになると思いま
　　す。

2 A 私は、ａ サマータイム制は意義があると
　　思います。なぜなら、ｂ 明るい夕方の時
　　間が１時間増えて活動しやすくなるから
　　です。
　B 私はそうは思いません。ｃ 寝不足や体調
　　不良になる人もいると思います。

3 A 私は、ａ 死刑制度は廃止すべきだと思い
　　ます。なぜなら、ｂ 万一冤罪だった場
　　合、取り返しがつかなくなるからです。
　B 私はそうは思いません。ｃ 死刑制度は、
　　凶悪犯罪の抑止力になっていると思いま
　　す。

4 A 私は、ａ 大学はもっと減らすべきだと思
　　います。なぜなら、ｂ 誰でも大学に入れ
　　るようになれば、大学の価値が下がるか
　　らです。
　B 私はそうは思いません。ｃ 大学の質をあ
　　げて、みんなが質の高い教育を受けられ
　　る方がいいと思います。

② 1 A 私は ａ 高校生がバイトをするのはいいこ
　　とだと思う。
　B 私はそうは思わないな。ｂ 将来のために
　　勉強した方が有意義じゃない。
　A そうかな。でも ｃ お金を稼ぐことの大変
　　さが分かると思う。
　B まあ、たしかにそれも一理あるね。

2 A　私は_a大学生に門限なんて必要ないと思う。

　B　私はそうは思わないな。_b親に心配をか

　　　けるのはよくないじゃない。

　A　そうかな。でも_c自分で時間の管理がで

　　　きていれば問題ないと思う。

　B　まあ、たしかにそれも一理あるね。

3 A　私は_a子供のころにいろいろ習い事をさ

　　　せた方がいいと思う。

　B　私はそうは思わないな。_b無理やりさせ

　　　ても意味がないじゃない。

　A　そうかな。でも_cそこから適性とか才能

　　　に気付くこともあると思う。

　B　まあ、たしかにそれも一理あるね。

4 A　私は_a夢を持って努力する人って素敵だ

　　　と思う。

　B　私はそうは思わないな。_b夢だけじゃ食

　　　べていけないじゃない。

　A　そうかな。でも_cそれはただ、失敗する

　　　ことを恐れているだけだと思う。

　B　まあ、たしかにそれも一理あるね。

表現を広げよう p.148

〈解答例〉

① 私一人では決めかねますので、上司に相談して

　みます。

② 親に対してそのような態度を取るのはよくな

　い。

2ND EDITION 다락원

뉴코스 일본어

지은이 채성식, 조영남, 아이자와 유카, 나카자와 유키
펴낸이 정규도
펴낸곳 (주)다락원

초판 1쇄 발행 2014년 3월 25일
개정1판 1쇄 인쇄 2023년 9월 13일
개정1판 1쇄 발행 2023년 9월 25일

책임편집 이선미, 정은영, 송화록
디자인 장미연, 김희정
일러스트 오경진

다락원 경기도 파주시 문발로 211
내용문의: (02)736-2031 내선 460~466
구입문의: (02)736-2031 내선 250~252
Fax: (02)732-2037
출판등록 1977년 9월 16일 제406-2008-000007호

Copyright © 2023, 채성식, 조영남, 아이자와 유카, 나카자와 유키

저자 및 출판사의 허락 없이 이 책의 일부 또는 전부를 무단 복
제·전재·발췌할 수 없습니다. 구입 후 철회는 회사 내규에 부합
하는 경우에 가능하므로 구입문의처에 문의하시기 바랍니다. 분
실·파손 등에 따른 소비자 피해에 대해서는 공정거래위원회에서
고시한 소비자 분쟁 해결 기준에 따라 보상 가능합니다. 잘못된
책은 바꿔 드립니다.

ISBN 978-89-277-1282-4 14730
       978-89-277-1277-0 (set)

http://www.darakwon.co.kr

• 다락원 홈페이지를 방문하시면 상세한 출판 정보와 함께 동영상강좌,
  MP3 자료 등 다양한 어학 정보를 얻으실 수 있습니다.